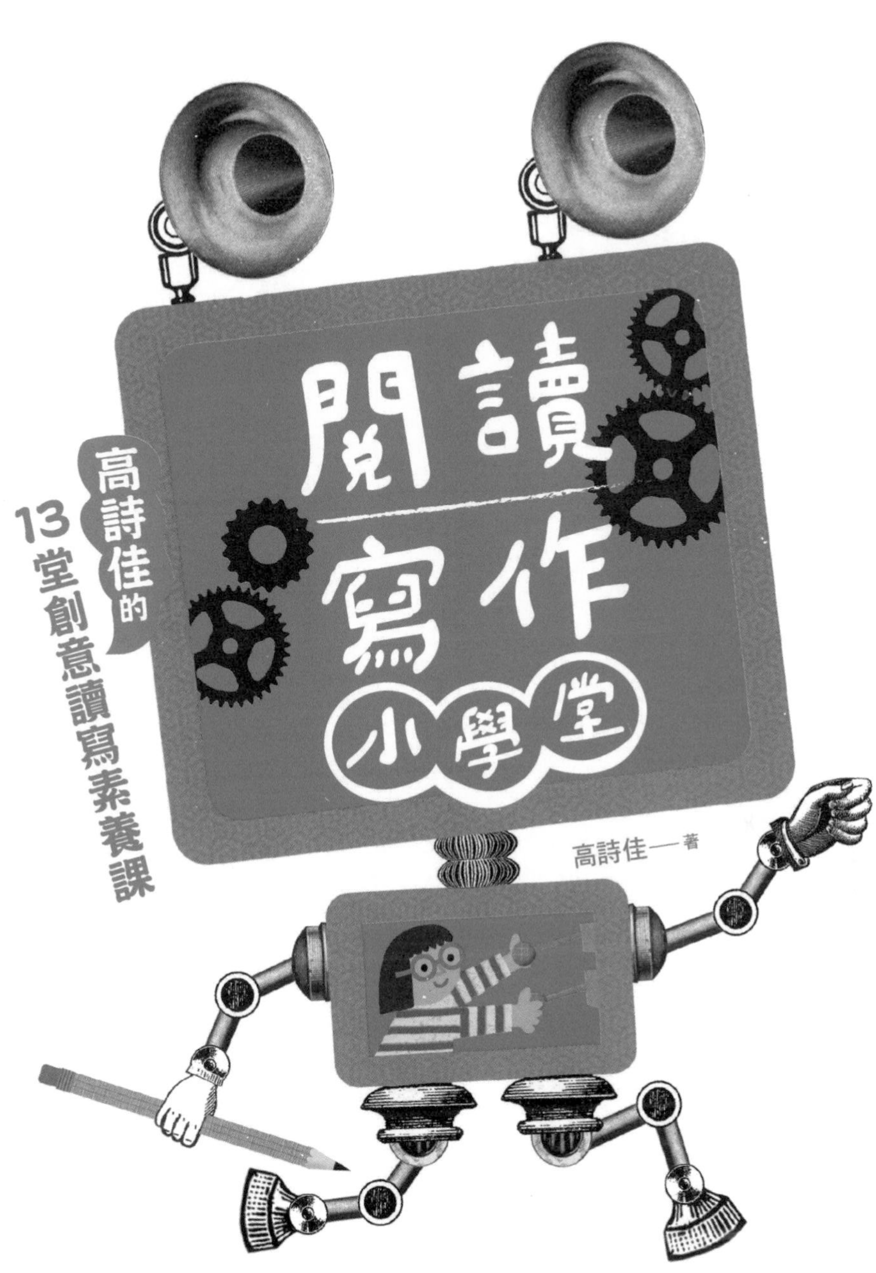
閱讀
寫作
小學堂
高詩佳的
13堂創意讀寫素養課
高詩佳—著

Contents

【推薦序】

有趣又古味的專業寫作教學法

陳郁如

常有學生來問我：「老師，請問如何寫一篇好文章？」、「老師，請問如何開始寫一個精采的故事？」、「請問我怎麼增加寫作能力？」……也常常有學校、單位邀請我，希望我去講一堂如何寫作的課程，遇到這類的提問或邀請，我總是誠惶誠恐，因為我知道我並不適合討論這個議題。

一個很簡單的例子，我們都會說中文，不代表每個人都可以去教中文。一樣的道理，我會寫作，不代表我可以教別人怎麼寫作。最多我只能分享我「自己」的寫作經驗，無法提供正式寫作的教學。因為寫作是一門學問，是一門藝術，是有很多複雜的巧思，很多連結內在外在的過程，要學習如何吸收資訊，如何統整訊息，然後如何正確精準的寫出來。這些都不是三言兩語就可以解釋清楚，是需要很多很多的經驗累積，要做很多很多很多的功課。

高詩佳老師的新作《閱讀寫作小學堂：高詩佳的13堂創意讀寫素養課》，就是她在閱讀寫作上所精鍊出來最實用的教學手冊。她把寫作上所需要的方法、創意、連結等都一一整理出來，讓學習者可以從中得到很多的啟發，很多的想法，增加對文字的敏銳力，強化對大腦的刺激。在寫作的運用上非常有幫助。

其中她講到許多孩子（其實也包括大人）的生活體驗貧乏，每天過得一成不變，只有吃飯、睡覺、考試、上學輪流上演，中間夾著滑手機、看平板，所以寫出來的東西也缺乏創意。這點我也很有同感，這也是常常跟同學們分享的。同學們問如何寫出豐富的內容，如果存在你腦海內的訊息這麼少，當然就無法寫出精采的東西。這本書裡提供很多方式，讓你可以增加含金量，讓你可以在有限的範圍裡，得到更多的互動，更多的刺激，讓寫作更有厚度。

另外我很喜歡她引用古文的部分。古文很久遠沒錯，現在人講話不會如此，但是，古文之所以流傳到現在，有它的美感，有它的內涵意義，這是不能否認的。詩佳老師把這些古文白話了，用精采的方式呈現故事，還引導讀者如何去賞讀這則故事，帶著讀者進行更深度的探討。我個人非常喜歡這種深入淺出、有意義又有趣味的方式。這才是專業的寫作教學方法，是經過統整分析來的實戰經驗。

這本書既入門，又深刻；既有趣味，又有古味；可以欣賞，同時也實用。看完整本書，我學習到很多技巧，讓我思考再三，非常受用。相信有心想要磨磨寫作利劍的人，這本書是很棒的工具書。

（本文作者陳郁如，知名青少年奇幻小說作家）

【推薦序】

寫作教育的多元樂趣

李崇建

孩子的作文能力，是一項綜合能力，涵蓋了敘述、思考、表達與創造力，因此，培養孩子的寫作力，除了為升學考試之外，也是開發與培養上述能力。

這個時代資訊發達，多媒體盛行於生活，因為影音更吸引人，使得人閱讀文字的量下降，孩子書寫能力也下降了。而傳統作文教學較乏味，孩子的寫作意願不足，常使得作文成了苦差事。

當我從事寫作教育，我在意教案的設計，是否讓孩子樂於寫作？能否開發寫作能力？是否擴展孩子的閱讀、思考與創意各指標？

當我翻開《閱讀寫作小學堂：高詩佳的13堂創意讀寫素養課》，我的目光就被吸引了，一口氣閱讀完畢。這本書是達人的書，是專業行家的出手，我帶著欣賞、學習與思索的心態，讚嘆著邊閱讀邊編筆記。

我認識詩佳已久，我們曾同台演講，知道她是文字創作者，是資深寫作教育者，是美麗又有活力的講師，但我從未了解她的書。

一旦翻閱了她的書，就知道她是達人。因為，未曾深入寫作教育者，未曾在教學現場琢磨過，

寫不出如此精采的課程。此書深知如何引導孩子，融入閱讀素養與思考創造，這十三堂課肯定受孩子喜歡，而且能為孩子帶來收穫。

詩佳從經典的閱讀入手，但是充滿趣味，她以淺白有趣的描述，將故事重新敘述，置原作於篇後參考，與一般書籍編排有差異。

次序的安排有助於閱讀，增加閱讀者參照機率，此舉看似微不足道，實則深諳學習者心理學。閱讀之後如何思考呢？文中的提問非常有趣，我閱讀後也會想回答。課後的三道提問，都沒有標準答案，卻帶來開放性思索，若思索之後，再比對後面的參考，將會帶來多元的樂趣。

比如：「如果你是薛譚的老師秦青，你想對他說什麼呢？」、「莊子為什麼不怕搜捕，主動去見惠施呢？」、「漁夫應不應該一個人進去探險？」……這些提問引人思考，思維很容易被調動起來。

詩佳這本書的課程安排，在閱讀與思考之後，置入數個連接性活動，將創意逐漸展開，帶入有趣的敘述構思，這些活動充滿體驗性，比如氣味、聲音、味道、視覺……這些體驗性的安排，對書寫的開拓相當重要，課程再回歸到閱讀主題，整合成一個書寫題材。

這是將故事、閱讀、思考與創意，以繽紛的方式撞擊書寫，將體驗性注入文本之中，整合出一個集中的命題，有助於書寫者的寫作體驗，亦能幫助寫作者解放書寫，仍在架構中思考寫作本身。此書展現寫作教育的創造性，豐富多饒的聯想面貌，以及深化了思考與閱讀本身。

這本著作很適合孩子自己閱讀，若是主動積極的孩子，自己就能動手操作；若是需要督促的孩子，大人從旁給予協助，邀請孩子進入寫作，再回饋正向眼光，孩子的書寫必有成長。這本書更

適合教師參考，設計寫作活動，孩子必定會增加寫作樂趣，打開寫作的視野，連帶著閱讀、思考與創造的能力也會增加。

感謝詩佳創作這本書，也讓我對寫作教育，對教學圖像的展開，有更多深入的學習。

（本文作者李崇建，創意作文、文學創作與教育工作者）

【自序】

培養讀寫素養，就從啟發創意開始！

親愛的大朋友、小朋友：

你是不是經常遇到這樣的困擾：一、不知道該怎麼進行有深度的閱讀？二、不知道該怎麼寫出有亮點的故事？

在教學現場，詩佳老師經常看到，有些孩子只要一遇到有關生活的作文題目，就卡住、寫不出來。探究其中的原因，應該有以下三點：

1. 生活內容太貧乏。孩子每天在學校、家裡、補習班規律往返，放假也是在家裡看電視，生活缺少變化，自然就沒有故事好講。
2. 對自己的認識少。如果你問這類孩子關於他自己的事，他都會說不記得、不知道，比如問他：「你的嗜好是什麼？」他會回答：「不知道。」
3. 課外的閱讀量太少。雖然沒有親身經歷，但如果讀過不少故事，也可以臨機應變的編故事。但是閱讀量太少，連編故事都很困難。

以上三點告訴我們，寫作的關鍵就是「體驗」。這本《閱讀寫作小學堂：高詩佳的13堂創意

讀寫素養課》，正是為了幫助孩子創造體驗而設計的。以孩子為核心，陪伴著他們從生活背景，一路探索到興趣、嗜好、志願、價值觀、人生觀等等，讓生活中的點點滴滴，順利轉化成為最好的寫作素材。

在這本書裡，一共有十三堂創意讀寫素養課，每一課又分成三個部分：第一個部分是「經典故事屋」，收錄了十三則古代經典的故事，選自列子、莊子、孟子、陶淵明、蘇軾、柳宗元、歐陽脩等名家之作，經過詩佳老師的改寫，就變成了一個一個生動有趣的白話故事，更有思考提問可以幫助大家思考。

第二個部分是「寫作觀念遊樂園」和「寫作材料收集庫」，詩佳老師帶你用連結創意發想，用組合找到寫作靈感，用逆向思考構思文章，還設計了許多有趣的學習單，有詳細的活動說明，也有許多小範文可以參考。大家只要按照說明的步驟進行，就可以寫出充滿創意的小故事，成為你的寫作材料。

第三個部分是「寫作練兵場」，詩佳老師在每一課的最後，都會引導大家寫一篇完整的文章，也會附上一篇文筆優美的範文作為參考，讓大家在閱讀這本書的時候，真正達到「閱讀寫作，雙軌並進」、「既讀又寫」的目標。

為了讓大家能夠學得更深刻，書中附上了許多 QR Code 條碼，只要掃一下條碼，就可以連結到網路觀看影片，或是配合聲音描寫的學習，聆聽音效，這麼做可以讓學習從平面變成立體，有聲有色，學習就變得多采多姿起來！

最後，詩佳老師要告訴大家，讀得深刻、寫出亮點的關鍵，就在於有沒有掌握或活用創意的法則。這些創意的法則包括聯想力、矛盾思考、逆向思考、強迫組合、多角度的思考、通感的運用等等，只要掌握書裡提到的這些學習關鍵，大朋友、小朋友就能順利的培養出好的讀寫素養喔！

第一課 神奇魔法連連看

讓創意發光的連結法

一 經典故事屋：學唱歌的薛譚

遠處傳來美妙的歌聲，迴盪在林子間，那聲音，清新得像一股泉水流過人們的心田——原來是薛譚正仰頭高歌。

歌聲停止後，薛譚滿意極了，覺得自己已經完全學會了師父秦青的歌唱技巧，就去找秦青，說：「師父，我學成了！明天就要下山回家。」秦青聽了只是微微閉著眼睛，點點頭說：「明天我會在城外擺下宴席，為你送行。」薛譚很高興。

第二天，師徒兩人就在宴席上一邊喝酒、

一邊吃肉，好不痛快！忽然秦青說：「送君千里，終須一別，我就唱歌送你吧！」

於是秦青開口，他的歌聲剛開始像潺潺流水般細微，但漸漸像漣漪擴散開來，使人的心靈生出悸動。聽見歌聲，小松鼠停止了覓食，黃鶯停止了鳴叫，小動物們紛紛來到他的身旁，靜靜聆聽。只見秦青打著節拍，高昂的歌聲振動林木，美妙的嗓音響徹雲霄。

秦青唱完以後，什麼話也沒說，只是看著薛譚。薛譚呆了一會，終於回神過來，向秦青道歉：「師父，我想回來繼續學藝，請您收留我！」秦青接受了。從此以後，薛譚再也不敢對師父誇口了。

讀故事，學思考

1. 薛譚最後還是決定回去學唱歌，是因為他了解什麼道理呢？

2. 薛譚還沒有學成，卻認為自己已經學得很好了，這是為什麼？

3. 如果你是薛譚的老師秦青，你想對他說什麼呢？

古今對照看〈薛譚學謳〉（列禦寇《列子．湯問》）

薛譚學謳於秦青①，未窮青之技②，自謂盡之③，遂辭歸④。秦青弗止⑤，餞於郊衢⑥，撫節悲歌⑦，聲振林木，響遏行雲⑧。薛譚乃謝求反⑨，終身⑩不敢言歸。

注釋

① 謳：音歐，歌唱。
② 窮：指窮究，這裡是學完的意思。技：才藝，專門的本領。
③ 謂：認為、以為。盡：學完了。
④ 遂：音歲，就、於是。辭：告別。歸：回家。
⑤ 弗：音符，不。
⑥ 餞：音見，用酒食為人送行。郊：城市周圍的地方。衢：音渠，四通八達的路。
⑦ 撫節：聽音樂時打拍子。悲歌：悲壯的唱歌。
⑧ 遏：音餓，阻止。行雲：流動的雲，這裡形容歌聲嘹亮。
⑨ 謝：賠罪、認錯。反：同「返」，返回。
⑩ 終身：一生、一輩子。言：說。

二 寫作觀念遊樂園：玩出好的故事構想

請掃我：2006年奶油獅誕生篇CF

有一支廣告是這麼說：「有一隻熊，走在路上，走著走著，一個奶油派打到他頭上，又一個，再一個，哇！熊就變獅子了！想像力是你的超能力！」

雄獅文具的廣告，告訴我們「奶油獅」是怎麼來的；更厲害的是，給了一個出乎意料的答案：「奶油獅是一隻被派打到的熊變成的！」

廣告編劇能寫出這麼有創意的台詞，就是因為他們很會說故事！任何寫作都少不了「說故事」的能力，而要把故事說好，就要充分運用「想像」和「虛構」的能力，這個能力，可以從練習連結法來培養。

玩出故事力

只要把生活上觀察到的事物，用一個「字」或「詞」來代表，寫在字條上，放在盒子裡，把抽到的幾張字條上面的字詞連結在一起，就可以編故事了。

一步一步來

1. 請選一份報紙、廣告目錄、漫畫或圖書。
2. 把有趣的圖片或詞句剪下來，收集在「創意盒子」。
3. 想找創意時，就搖一搖盒子，抽出兩個以上的字條。
4. 把字條上的字、詞，連結成一個故事的構想。

玩給你看

抽到的字條是：「媽媽」、「馬桶」

	故事的構想
構想1	媽媽每天都會清潔馬桶，母親節這天也不例外，所以我故意比平常早起，到廁所幫媽媽刷馬桶和倒垃圾，做完所有的家事。 ☆題目是「母親節這一天」。

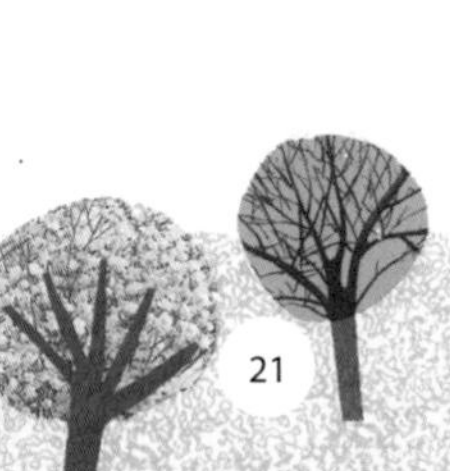

構想2	晚上，妹妹餓醒了，說要喝牛奶，又想上廁所。媽媽趕緊抱她去上廁所，沒想到她竟然坐著馬桶、翹起二郎腿，頭靠著媽媽喝牛奶，還邊喝邊睡。爸爸看了，趕緊把這可愛的畫面拍下來。 ☆題目是「我的妹妹」、「可愛的家人」。
構想3	照片裡的我，留著一頭「馬桶蓋髮型」，那是媽媽的「精心設計」，親手為我剪出來的。只見我和媽媽大手勾小手，頭靠著頭，連腳也不放過的緊緊勾在一起。我們每天都要跟對方說「我愛你」。 ☆題目是「我最愛的人」。

換你玩玩看

抽到的字條是：＿＿＿＿＿＿

請在一百字以內，寫出一則故事的構想：

小祕訣

學會連結法以後，只要玩玩抽籤遊戲，寫作構思的能力就會大幅提升，想出十幾、二十個點子都沒問題喔！

三 寫作材料收集庫：連結力的訓練

學會把兩種或兩種以上的詞語連結起來，就可以進一步收集相關的寫作材料，準備好寫出一則故事。這裡有兩個好用的學習單，來玩玩看吧！

學習單 1-1 用連結想出點子

「連結」，就是把看起來沒有直接關係的事物，強迫讓它們聯繫在一起。比如說，有個問題是：「人和鋼鐵的關係？」我們就要想辦法，把「人類」和「鋼鐵」連結起來。以下，盡可能把你想到的點子列出來。

一步一步來

1. 用網路搜尋、辭典或其他工具，認識「人類」和「鋼鐵」這兩個詞。
2. 把「人類」和「鋼鐵」結合起來，想出十個點子。

玩給你看

任務：「人類」+「鋼鐵」，可以聯想到：

1. 工業革命。
☆西元一七六〇年開始，人類的生產和製造逐漸用機器取代人力、獸力。

2. 人駕駛鋼鐵製造的機車、汽車、飛機、太空梭等。
☆聯想到用鋼鐵製造的交通工具。

3. 人操作機器人。
☆能自動執行任務的人造機器裝置，可以取代或協助人類工作。

4. 擁有人工智慧能自主的機器人。
☆就是「AI」，是一種透過電腦程式來呈現人類智慧的技術。

5. 液態鋼鐵機器人。
☆出現在電影《魔鬼終結者》（*The Terminator*），是液態金屬，可以變成人的樣子。

6. 鋼鐵與人融合的人種。
☆出現在科幻小說和電影，可以用鋼鐵取代人類真正的手、腳。

7. 體內有鋼鐵製器官、骨骼或零件的合成人。
☆如果心臟衰竭，可以裝上鈦合金製成的人工心臟幫浦。

8. 穿著鋼鐵裝甲的鋼鐵人。
☆漫威超級英雄電影《鋼鐵人》（*Iron Man*）的主角東尼·史塔克（Tony Stark）。

9. 鋼鐵本身就是人的外星人。
☆電影《變形金剛》（*Transformers*）的博派與狂派，都是鋼鐵外星人。

10. 有鋼鐵般意志的人。
☆指人的意志堅定，不容易受影響，有如鋼鐵。

換你玩玩看

任務：「人」+「樹」，可以聯想到什麼？請列出五個點子：

1.
2.
3.
4.
5.

小祕訣

「人」和「樹」看起來沒有關聯，但如果把這個任務當成「創意發明」，就可以想到地球上還沒有的東西。

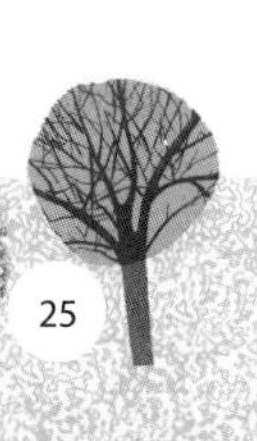

學習單 1-2 用連結法造句

連結法不只能用來想新點子，也可以用在「造句」。如果想造出美妙的句子，就來運用幾個詞語，玩「連連看」的遊戲吧！

比方說某天，你從同學們吵架的事件，想到「人與人之間有摩擦衝突」，又在公園的池塘邊看到蟾蜍，想到「蟾蜍身上的疙瘩」，它們都讓你很不舒服，於是把它們連結起來，變成下面的句子：

人與人的摩擦衝突，猶如我們身上長了疙瘩，
留著不好看，撕破了會痛。

也可以思考一下「機會」和「努力」的關係。努力是靠累積而來的，這些累積可以墊高和提升自己，就好比凳子。於是，我們可以造出這樣的句子：

努力，就是你腳下的凳子，如果你累積得不夠，
當機會降臨，就無法爬上去抓住它。

透過連結與富有創意的造句方式，很容易就能寫出有趣的作品喔！

一步一步來

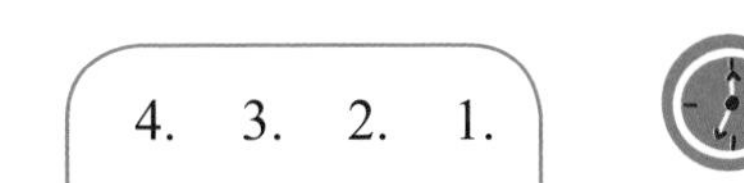

1. 以下每個題目都有三個詞語，請先了解每個詞語的意義。
2. 將每個詞語各造出一個句子。
3. 三個詞語可造出三個句子，再組織成一段文字。
4. 在寫跟聲音有關的句子前，請先實際聽一聽聲音。

玩給你看

題目	造句
張飛、林黛玉、孫悟空	文學是張飛在戰場上的怒吼；文學是伴著林黛玉滾滾而下的淚珠；文學是孫悟空堅毅的求道之心。 ☆題目是「我最愛的一門學問」。
望遠鏡、顯微鏡、平面鏡	做人就像望遠鏡，要有遠見；做人就像顯微鏡，要細膩觀察身邊的事物；做人就像平面鏡，要誠實的看待自己和他人。 ☆題目是「談做人」。

浪花、大海；森林、大地；動物、人類
只有波濤洶湧的浪花，才能襯托出大海磅礴的氣勢；只有一望無際的森林，才能表現出大地欣欣向榮的翠綠；只有充滿生機的動物們，才能體現人類對天地萬物的愛護。 ☆題目是「美麗的世界」。

換你玩玩看

1. 放大鏡、哈哈鏡、穿衣鏡

2. 鋼琴聲、提琴聲、喇叭聲

3. 鬧鐘聲、刷牙聲、漱口聲

小祕訣

請先為這些詞語找出共同點，比較容易造句。比如張飛、林黛玉、孫悟空的共同點是「文學」。

四 寫作練兵場：用連結法寫作

現在，我們來練習寫一篇：「音樂的遐想」。

拿到題目時，第一件要做的事，就是分析題目的關鍵字。「音樂」，說明這是一則跟樂器、音樂、聲音有關的故事；「遐想」，則是「超越現實的思索或想像」。所以，是要你寫出對音樂的聯想，再把這些聯想組合起來，成為一篇文章。

請先回想一下，你學過樂器嗎？你最喜歡什麼樂器發出來的聲音？這種聲音會讓你聯想到哪些事物或其他的聲音呢？

接著，選定一種樂器的聲音，把握住聲音的特質，開始聯想，至少列出九個想法。比如，鋼琴的聲音讓人感覺「冰冷」，我聯想到的是：

鋼琴聲 → 水晶 → 鼓 → 緞帶 → 樹葉 →

月光 → 紙張 → 湖水 → 陽光 → 羽毛

請從中挑選幾個詞語，寫成一則故事，也可以挑戰一下，使用全部十個詞語。造句時加上「譬喻法」，文字就會更加生動。

寫給你看

音樂的遐想

鋼琴聲流瀉出迷人的音律，彷彿水晶般明亮透澈，卻不失神祕。宛如一粒粒的豆子跳動於厚重的大鼓上，又像輕柔的緞帶在肌膚上遊走；好比露珠從落葉的尖端滴落在泥土裡，乾土裂開來；更像撕裂紙張，劃破了凝結的空氣；又如老巷子一角延伸出去的黑影，被月光覆蓋住了。它不像梅花那樣清高，但是詮釋湖水的美卻非它不可。音質極佳，像詩人的筆調流暢而滑順；平和莊重，猶如冬日的朝陽，溫和而不刺眼。如同人們的祈禱聲，像金黃色的羽毛飄飄的傳入了天聽。

換你寫寫看

1. 請選一種樂器的聲音，在聽過它的聲音以後，聯想出五種事物。

我選擇的樂器是：＿＿＿＿＿＿，我聯想到：

↓ ↓ ↓ ↓

2. 運用以上聯想到的詞語，寫成一篇兩百字以內的短文。

第18頁【讀故事，學思考】參考答案

1. 學習的道路永無止境，千萬不可以有點成績之後，就驕傲自滿。
2. 驕傲自滿的心態，使薛譚看不見自己的不足之處。
3. 學海無涯，老師有今日的成就，是來自多年的苦學、苦練。學習必須虛心，持之以恆，不能驕傲自滿。

第二課

世界就像萬花筒

用聯想力描繪彩色世界

一 經典故事屋：惠子的擔心

惠施在梁國擔任宰相，手中握著權力，好不意氣風發。但就算身居高位，他還是對一個人心存顧忌。

某一天，莊子想念惠施這個好朋友，就前往梁國探望他。結果有人告訴惠施：「莊子到梁國來，恐怕是想取代你！」惠施被說中了心事，不禁臉色一變，雖然他向來佩服莊子，但是現在，莊子的才華對他卻成為一種威脅。惠施就派人在國都裡搜捕了三天三夜，務必捉住莊子。

士兵們大動作的搜捕，很快就驚動莊子。於是莊子特地去見惠施，說：「老朋友，聽說南方有一種鳥，叫做鵷鶵，羽毛色彩斑斕，美麗極了！你知道嗎？這種鳥從南海起飛，飛到北海，如果沒有梧桐樹就不棲息，沒有竹子的果實就不吃，不是甜美的泉水就不喝，挑剔得很！有一隻貓頭鷹撿到腐臭的老鼠，正好鵷鶵從牠面前飛過，貓頭鷹就抬頭發出『喝』的聲音，擔心鵷鶵跟牠搶腐鼠。現在，你也想用梁國相位來威脅我嗎？」惠施聽了，不禁感到慚愧不已。

讀故事，學思考

1. 莊子對惠施講了鵷鶵與鴟的故事，主要是在諷刺什麼呢？

2. 莊子為什麼不怕搜捕，主動去見惠施呢？

3. 鵷鶵這種鳥到底是性情高潔，還是太過挑剔呢？

古今對照看〈惠子相梁〉（莊周《莊子．秋水》）

惠子相梁①，莊子往見之。或謂惠子曰②：「莊子來，欲代子相③。」於是惠子恐，搜於國中，三日三夜。莊子往見之，曰：「南方有鳥，其名為鵷鶵④，子知之乎？夫鵷鶵發於南海，而飛於北海；非梧桐不止⑤，非練實不食⑥，非醴泉不飲⑦。於是鴟得腐鼠⑧，鵷鶵過之，仰而視之曰：『嚇⑨！』今子欲以子之梁國而嚇我邪⑩？」

注釋

①惠子：惠施，戰國時宋國人，哲學家。相梁：在梁國當宰相。

②或：有人。謂：說。

③代：取代。子：你。

④鵷鶵：音淵除，古代傳說中像鳳凰的鳥，性情高潔。

⑤止：棲息。

⑥練實：竹實，竹子所結的子，顏色如潔白的絹，故稱「練」。

⑦醴泉：甘泉，指泉水甘美如甜酒一樣。醴，音禮。

⑧鴟：音吃，貓頭鷹，比喻惠施。腐鼠：比喻輕賤的事物，這裡指宰相的位置。

⑨嚇：音赫，用言語怒叱、武力逼迫，使人害怕。

⑩邪：音耶，用在句尾，表示疑問或感嘆的語氣。同「耶」。

二 寫作觀念遊樂園：世界就像萬花筒

請掃我：百變萬花筒

萬花筒覺得自己的生命非常豐富，它的身體圓圓的，就像一把短小的手電筒，裡頭裝著幾塊彩色玻璃和細碎的彩紙。它一端有個小圓洞，瞇著眼睛看進去，就能看到好多繽紛的花朵，在萬花筒裡綻放；轉一轉，花朵又變成了蝴蝶。

世界就像萬花筒，只要我們將看見的顏色、景物、動作、場所的外觀描述一番，加上「色彩形容詞」，描寫就會從「平面」變成「立體」，栩栩如生。

但是這樣還不夠，我們還要運用譬喻、擬人、誇飾等方法，描寫色彩的各種變化。這麼一來，你的文字就宛如繽紛的花朵，將文章點綴得多采多姿。

玩出故事力

在語言的世界裡，形容詞最有創造力，它們是由許多不同字、詞組合在一起，只要懂得「連結」，就能創造出繽紛的色彩形容詞喔！

一步一步來

創造色彩形容詞	說明
深、淺、濃、淡、明、暗＋顏色	將顏色的色調分出層次。比如：深綠，淺綠，濃綠，淡綠，明亮的綠，暗綠色。
顏色＋顏色	將兩個相近、同色系的顏色，組合成新的形容詞。比如：橘紅，銀灰，藍綠，紫紅，青綠，藍銀。
某件東西＋顏色	先決定顏色，再找出搭配顏色的事物，組合起來。比如：鵝黃，木瓜橘，磚紅，蘋果綠，雞蛋白，墨黑，月光銀，樹葉綠，薰衣草紫。
人的個性或情感＋顏色	將色彩擬人化。比如：憂鬱的藍，熱情的紅，孤單的白，甜蜜的黃，歡樂的綠，嚴肅的黑，冷酷的銀，神祕的紫。

玩給你看

請將指定的景色配上色彩形容詞，組合成一段描述風景的文字。

景色	描述風景
枯藤、老樹、昏鴉	灰白色的枯藤，沿著老樹那棕黑色的軀幹往上爬。在昏黑的夜色下，枝幹上的烏鴉若隱若現的，牠冷酷的黑羽毛，似乎融入在黑暗中了。
小橋、流水、人家	深紅色的拱橋被許多人踐踏過，色彩斑駁。橋底下天空白的流水中，偶爾有游魚閃現，比真正的天空還要閃亮。只見流水的盡頭，是一幢幢灰黑色的房屋，像極了水墨畫中的人家。
古道、西風、瘦馬	沿著深褐色的古道前進，一路蜿蜒曲折。雞蛋黃是西風的顏色，夾帶著楓葉和塵土，我和瘦馬彷彿也在深秋中，被染成了黃色。

換你玩玩看

1. 天空、雲、飛鳥

2. 草原、樹林、老虎

3. 大海、鯨魚、船

小祕訣

先將題目的三個詞語，在腦中想像成一幅圖畫，或是直接畫在紙上，再寫成文字。這三個詞語都要有色彩形容詞喔！

三　寫作材料收集庫：聯想力的訓練

我們的生活中，充滿了各種美麗的色彩：藍天白雲有色彩，圖畫紙上有色彩，教室的黑板和牆壁有色彩，就連我們的心情也有色彩。現在，我們學會創造色彩形容詞後，就運用聯想法，收集寫作的材料。

學習單 2-1　色彩的聯想

寫作時，對色彩加以描繪，就能將文章點綴得美輪美奐。可將生活中的事物與顏色聯想在一起，比如從黑色想到孤單，再想到失眠、夜晚等等。

一步一步來

1. 先從簡單的開始，用一種色彩進行三個聯想。
2. 每個聯想都用一個事物來代表，比如「紅寶石」。

3. 然後用「譬喻法」將這些詞語串接起來。

玩給你看

1. 紅色→紅寶石→消防栓→危險

紅色像珍貴的紅寶石，又像救命的消防栓，帶給人一種危險的感覺。前者生怕被人搶走了，後者的出現一定是因為失火了。

2. 橘色→柳橙→酸甜→宮廟→吉利→祝福

橙色像酸溜溜的柳橙，酸酸甜甜的滋味，就像少年的回憶。橘色又像宮廟建築上的顏色，象徵著吉利，對我們傳達神明的祝福。

3. 綠色→草原→動物→自由→生命→春天

綠色像青翠的草原，動物在上面奔跑，象徵的是自由。綠色又像新的生命，春天將各種自然界的新生命帶來了人間。

換你玩玩看

1. 黃色→＿＿＿＿→＿＿＿＿→＿＿＿＿

2. 藍色↓

↓

↓

3. 紫色↓

↓

↓

小祕訣

先從題目指定的顏色，聯想到某個事物，再自由聯想下去，最後將所有聯想到的詞語組合成一段文字。

學習單2-2 描寫混合的色彩

繪畫的三原色是紅、黃、藍，用這三種顏色，能混合出任何你想要的色彩。混色時，不同的比例會產生不同的色彩，比如黃色＋藍色，當黃色少、藍色多時，色彩會偏向黃綠；當比例相當時，混合色是綠色；當藍色更多的時候，就會偏向藍綠色。現在就來玩玩看！

請試著在這三個正方形中，用畫筆塗上黃綠色、綠色和藍綠色。

一步一步來

1. 請準備一支牙刷，用來當畫筆。
2. 準備一張白色的圖畫紙，和紅、黃、藍三種顏料。
3. 任選「兩種顏色」混合，自己決定比例。
4. 將調好的顏色，用牙刷刷在畫紙上，再為色彩取名字。
5. 最後將混合好的色彩，用文字描述出來，必要時可用譬喻法。

玩給你看

調色	描述色彩
黃＋紅＝金黃色→太陽黃	太陽黃是燦爛的金黃色，就像每天早上在窗前露臉的太陽，散發出耀眼的光芒。
黃＋藍＝藍綠色→孔雀藍	孔雀藍是神祕的藍綠色，帶有一種深刻內斂的優雅和貴族的氣質。
紅＋藍＝紫紅色→薰衣草紫	薰衣草紫就是紫紅色，在房間的牆面漆上薰衣草紫，就多了浪漫的氛圍。

換你寫寫看

1. 黃＋紅＝______→______

2. 黃＋藍＝______→______

3. 紅＋藍＝________→________

小祕訣

實際拿兩種水彩來混合看看，會比紙上談兵更好喔！寫作必須先從觀察事物開始。

四 寫作練兵場：用色彩形容詞寫作

現在，我們來練習寫一篇「我眼中的色彩」。想一想，你眼中的色彩是什麼樣子？從這些色彩當中，你聯想到什麼？

先從大自然開始思考。在季節變換的時候，自然界的色彩也會有所變化，比如春天百花盛開，就有了五顏六色的繽紛；夏天晝長夜短、陽光強烈，使得綠色的植物分外明亮；秋天植物開始枯萎，落葉滿地，到處都是紅色和黃色的楓紅；冬天時萬物凋零，有的地方還覆蓋銀白色的雪。

運用本課所介紹的幾種小方法，用色彩來描繪「秋天」、「冬天」，或是更進一步的，對「視覺」進行一些深入的思考。

寫給你看 1

秋天的色彩

秋天很活潑，總是乘著涼爽的風，滑進溫暖的楓紅裡，她知道那裡陪伴她的還有希望的橘、自在的藍及清澈的綠。

一陣風吹來，秋天在樹叢中和小動物玩耍，在冰藍的湖面上跳著柔和的圓舞曲，激起了一波波透明的漣漪。

☆透過擬人的手法，不論是楓葉的溫暖，或是湖面的冰冷，都變成了具體可感受的事物。同時，我們也借用了觸覺的溫度，更豐富的表現出對色彩的想像。

寫給你看 2

冬天的色彩

冬天來臨時，街道旁一間一間的房子，陳舊得就像是三年沒有清洗而布滿灰塵的洋娃娃，灰撲撲的；也像被遺棄在鄉下、安靜的帽子，帽頂似乎有些塌陷，有點破、有點髒。可是只要到了春天，世界被染上鮮豔的色彩，這些房子就會被整修得煥然一新。

☆將房子比喻成娃娃、帽子，是新奇的聯想；「破、舊、髒」等字眼，象徵冬天的灰敗色彩，帽頂則比喻屋頂。這裡用構想新奇的比喻，使句子具有想像力和詩意。

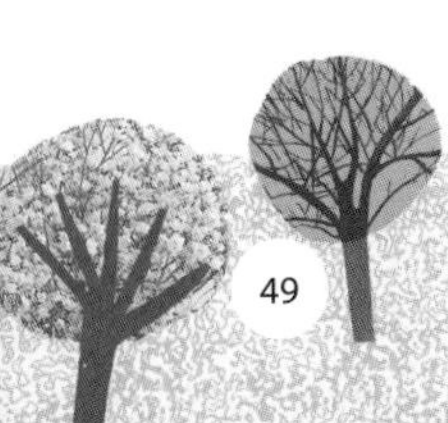

寫給你看 3

對視覺的思考

眼睛，你是靈魂之窗，給了我看見繽紛色彩的天賦，雖然我內心深處知道視覺是一種謊言，也知道不能夠以貌取人，但是當我看見那些打扮得花枝招展的人們時，眼球就無法控制的跟隨他們了。眼睛，你說我該怎麼辦呢？

☆視覺是最直接的感官，當人用眼睛觀看時，只要保持距離就能掌握事物的形貌，但眼睛也很容易被欺騙。這裡跳脫表面的描寫，進入了思考的層面，探索視覺衍生的問題。

換你寫寫看

1. 請選一個季節，寫在第一格，聯想與這個季節相關的三種事物。

我選的季節是：＿＿＿＿ → 三種事物：＿＿＿＿ → ＿＿＿＿ → ＿＿＿＿

2. 運用以上聯想到的詞語，搭配譬喻法，寫成一段一百字左右的短文。

自訂寫作題目：＿＿＿＿

第36頁【讀故事，學思考】參考答案

1. 莊子諷刺惠施因怕失去宰相的官位，而偏狹猜忌，表現莊子對功名富貴的態度。
2. 莊子與惠施是好朋友，對他的個性非常了解，同時自己也具備了勇氣。
3. 鵷鶵知道自己的價值，配得上用更好的東西，不會屈就自己，並不是太過挑剔。

第三課 對立面的和諧統一

矛盾思考讓創意源源不絕

經典故事屋：不死藥的矛盾

侍者弓著身體，低著頭，恭敬的捧著一個精緻的陶罐，快步往內殿走去。侍衛見了覺得很奇怪，就走上前攔住，指著陶罐問：「這是什麼？」侍者說：「這是客人獻給大王的長生不死藥。」侍衛又問：「這可以吃嗎？」侍者說：「可以吃。」侍衛想了一下，忽然伸手打開陶罐，拿起藥就吃下去。

楚王知道後相當惱怒，派人去捉拿那名侍衛。侍衛託人向楚王說明經過：「大王，我問過侍者，這東西能不能吃？侍者說可以，我才

將藥吃下去。我沒罪，有罪的是侍者啊！況且，客人獻給您的既然是長生不死藥，我吃下藥，卻被大王殺了，這不就成了死藥？那就是客人欺騙了大王。如果大王殺了無罪的臣子，就表示有人欺騙大王，不如放了我吧！」

楚王不想被人認為自己很容易受騙，只好放了侍衛。

讀故事，學思考

1. 在這個故事裡，侍衛說服楚王的兩個理由是什麼？

2. 侍衛最後成功說服了楚王，是利用楚王的什麼心理？

3. 請分析一下，侍衛是什麼樣的人？

古今對照看：〈不死之藥〉（《戰國策．楚策》）

有獻不死之藥於荊王者①，謁者操之以入②。中射之士問曰③：「可食乎？」曰：「可。」因奪而食之。王怒，使人殺中射之士。中射之士使人說王曰④：「臣問謁者，謁者曰：『可食。』臣故食之⑤。是臣無罪，而罪在謁者也。且客獻不死之藥，臣食之而王殺臣，是死藥也，是客欺王也。夫殺無罪之臣，而明人之欺王⑥，不如釋臣。」

王乃不殺⑦。

注釋

① 荊王：楚王，應是指頃襄王。
② 謁者：通報與接待賓客的近侍。謁，音業。操：持、拿。之：指不死之藥。
③ 中射之士：指王的近身侍衛。
④ 說：訴說、告訴。
⑤ 故：因此、所以。
⑥ 明：說明、顯示。
⑦ 乃：然後、於是。

二 寫作觀念遊樂園：生活中的矛盾思考

請掃我：
成語任務——自相矛盾

我們每天都會遇到許多矛盾的問題：想吃美食，但是擔心發胖；想幫助別人，又怕惹上麻煩；想過刺激的生活，卻嚮往安定。在生活中，矛盾的事情總是困擾著我們；可是在寫作時進行矛盾思考，卻常常能刺激寫作的靈感。

矛盾的兩個事物，比如吃美食和不發胖，本來是對立的，但是「矛盾思考法」的功用，就是讓兩個對立面的事物能夠「兼顧」、「並存」。也就是說，我們要盡可能的想方法，讓一個人可以同時吃到美食，又能夠不會發胖。

在寫故事時，用矛盾思考想到的方法，可以是各種天馬行空，好比，發明一種「瘦瘦丸」，或是烹調「有美食口味、但低熱量的菜餚」，什麼方法都可以，盡量放開頭腦去想，用這種方式思考，創意就會源源不絕喔！

玩出故事力

假如用傳統的思考方式，遇到矛盾的問題時，就只會從兩個對立的事物中選一個，比如愛吃美食就不顧身材，或為了維持身材而節食。

但是用矛盾思考法，可以兼顧對立面的兩個事物，讓我們在面對兩難的問題時，不會受到限制，而能夠從特別的角度去思考問題、解決問題。

傳統思考　現在有A、有B → 只選A、或B

矛盾思考　現在有A、有B → AB兼顧

一步一步來

1. 收集生活中會遇到的矛盾問題。
2. 運用矛盾思考法，讓對立的兩個事物能夠兼顧。
3. 把你想到的答案寫下來。
4. 可以天馬行空的想，沒有標準答案。

玩給你看

1. 想吃美食，但是擔心發胖，兼顧的方法有：

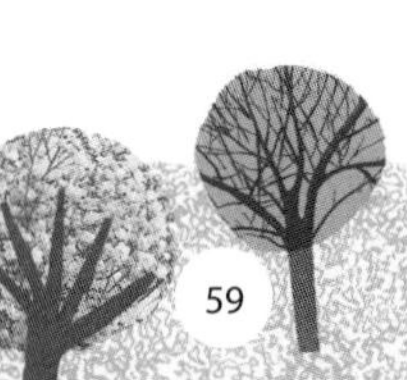

a. 用低熱量的食材加上調味，烹調出美食口味、但低熱量的菜餚。
b. 在吃美食以前多喝水，讓肚子有飽足感，就能享受美食又不會吃過量。
c. 發明一種「瘦瘦丸」，只要吃下它，不論吃多少食物都不會發胖。

2. 想幫助別人，又怕惹麻煩，兼顧的方法有：
a. 私下偷偷請別人代替自己去幫助他人。
b. 用武俠小說裡的「易容術」，假扮成他人，再去幫助別人。
c. 把自己變得更強大，就不怕惹任何麻煩，又有能力幫助別人。

3. 想過刺激的生活，卻嚮往安定，兼顧的方法有：
a. 依照自己需要的比例，偶爾安排刺激的活動。
b. 發揮創造力，尋找能重新帶來新奇感受的事情。
c. 結交一些有著豐富興趣與愛好，或是可以帶來不同體驗的朋友。

換你玩玩看

1. 想吃美食，但是擔心發胖，兼顧的方法有：
a.
b.
c.

2. ＿＿＿＿，兼顧的方法有：

a. ＿＿＿＿

b. ＿＿＿＿

c. ＿＿＿＿

3. ＿＿＿＿，兼顧的方法有：

a. ＿＿＿＿

b. ＿＿＿＿

c. ＿＿＿＿

小祕訣

解決矛盾問題的方法，可以從實際解決的方向思考，也可以像寫奇幻故事那樣，從幻想的角度思考，沒有標準答案。

三 寫作材料收集庫：矛盾思考法

寫故事運用矛盾思考，可以提升編故事的能力。作法是：針對一句看起來很矛盾的話，指出矛盾的地方，再為這個「矛盾點」找出答案。

學習單 3-1 用矛盾思考構思

現在就要進入「寫故事」的階段了，請為矛盾的事物「想出好理由」，並且巧妙的將矛盾的觀點聯繫起來，寫成故事，我們的思維就可以別具創意！

一步一步來

1. 請先思考下面三個有矛盾狀況的題目。
2. 針對題目的問題點，進行思考和分析。
3. 想出一個故事的構想。

4. 這個故事構想，可以符合現實，也可以充滿奇幻、想像。

玩給你看

1. 愛笑但不肯笑的美女

問題思考：

這個美女如果天生愛笑，但是在生活上總是不肯笑，她的心靈、健康或周遭的環境（至少其中之一），應該是出了什麼問題。也許她的自信心不夠，也許她的健康亮起了紅燈，也許她討厭班上的同學，所以她再也不笑了。

構思故事：

有一個女孩名叫小珍，長得很美麗，她小時候非常愛笑，笑容迷人，但是到了十二歲以後，就再也不笑了，因為小珍有一件心事：「如果沒有人喜歡我，我該怎麼辦？」有一天，小珍分別遇到小貓、小狗和浣熊，從牠們的說話中，小珍體會到：「如果沒有人喜歡我，我也要喜歡我自己。」從此恢復了笑容。

2. 聰明，但總是考零分的學生

問題思考：

一個學生如果聰明，但總是考零分，原因有很多，他可能是貪玩，或是家裡出事情了，使

他無心準備考試，這是現實世界常看到的狀況。但是在科幻故事裡，他當然也可能根本是個機器人，考零分只是他想要偽裝身分的手段。

構思故事：

班上有個很聰明的學生，老師問他高難度的題目，他可以在三秒內就說出正確答案，可是考試時竟然考了零分，這種情況發生了幾次。後來班上同學聯合起來觀察他，還去他家找他的父母聊天，深入了解後，才發現他從來都不洗澡，原來他是機器人，被父母收養的，為了不想引起同學的注意，只好考零分。

3. 樹上的魚

問題思考：

魚是水裡的動物，天生的構造讓牠們無法在陸地生活。樹上的魚，可能是因為外力因素而跑到樹上，或是因為某種神奇的魔法，使得魚能夠待在樹上，就像小美人魚一樣。無論如何，魚離開深愛的大海，應該是不得已的吧！

構思故事：

雪球是一條全身都是白色的小丑魚，牠出生時，就沒有一般小丑魚的橘色和黑色。因為牠長得與眾不同，所有的魚都嫌牠醜、排擠牠，牠就常常到岸邊，找海鷗和沙鷗聊天，長期下來，牠學會了離開水面生活的能力，終於在樹上找到新的窩。但是在樹上生活時，牠還是經常望著海洋，聆聽海浪的聲音。

換你玩玩看

寫作主題：聰明，但總是考零分的學生

問題思考：

構思故事：

小祕訣

先把「問題思考」的部分想清楚，多列幾種可能的答案，構思就會比較容易。構思故事的部分，請盡量寫完整一點喔！

學習單 3-2 開始架構故事

現在，有一個題目叫做「會飛的猴子」。首先，要找出問題的矛盾之處。「猴子」與「會飛」，是不合理的矛盾，猴子不是飛行動物，但題目要求寫一隻飛行的猴子，這就值得探討了，例如：牠為什麼會飛？用什麼方法飛？

接著，透過一個故事的開始、發展、高潮和結局，對這樣的題目進行創意思考。請盡可能幫猴子解釋會飛的理由，列出有用的觀點：

一步一步來

請思考下面的問題，寫出你對故事的想法：

故事的段落	讓我想一想
開始	飛天猴是用什麼飛行？是有翅膀、有超能力（飄浮、飛行）？還是需要靠工具幫忙（飛機、掃把、個人飛行器……）？飛行的姿態是什麼樣子？
發展	飛天猴會飛的原因是什麼？是因為外力介入（被閃電擊到、女巫施法、車禍……）？還是天賦異稟？牠們有沒有做調皮的事？發生什麼後果？
高潮	飛天猴有什麼特殊的遭遇？因為會飛，使牠和別人的關係產生什麼樣的變化？是否因為飛行，讓牠交了朋友？

結局	猴子認不認同會飛的自己呢？會飛的猴子，究竟是完成了飛翔的心願？還是想跟普通的猴子一樣？

玩給你看

故事的段落	讓我想一想
開始	飛天猴的背上有一雙翅膀，羽毛的顏色是由黑色、棕色、灰色、金黃色等組成，跟牠們身上的毛色互相呼應。牠們飛翔的姿態是很神氣的，時而俯衝，時而衝向雲霄，只要瞄準了目標，就能精確的飛到目的地。
發展	在遠古的時候，所有的猴子都會飛行，牠們叫作飛天猴。牠們會趕走樹上的鳥兒，還會趕走山洞裡的蝙蝠。由於牠們太調皮了，得罪女巫，受到女巫的懲罰，才失去飛行的能力，成為在地上爬的普通猴子。
高潮	當女巫施法時，有一隻飛天猴因為躲起來睡覺，逃過了一劫。其他普通的猴子，就請飛天猴出來當領袖，教大家飛行。失去翅膀的猴子學了很久，從爬行學到走路，再學會爬樹，然而最多只能爬到樹上。
結果	猴子們勉為其難的接受命運，牠們每天都爬到樹上看著星星，因為那是離天空最近的地方。飛天猴則是繼續在天空飛，代替所有的猴子實現夢想。

換你寫寫看

1. 開始：

2. 發展：

3. 高潮：

4. 結果：

小祕訣

先回答「一步一步來」單元的幾個問題，再把你的答案，組織成小短文。

四　寫作練兵場：用矛盾思考法寫作

現在，我們來練習寫一篇「會飛的猴子」。

假設猴子是地球上的萬物之靈，唯一擁有飛天能力的猴子是個英雄角色。我們在寫作時，必須讓英雄遇到困境，才能表現他的才能。在這個故事裡，飛天猴遇到了兩個困境，一個是「女巫」，她把猴子都變成了普通的猴子；另一個是「孤獨」，飛天猴該如何面對只有自己能飛的孤單呢？

英雄的能力是有限的，飛天猴只能教會猴子們爬樹，讓牠們更靠近天空。這是不是很像關於「猴子爬樹由來」的神話故事？

寫給你看

會飛的猴子

這是地球的平行宇宙，在這個宇宙中，飛天猴是萬物之靈，牠們的背上有一雙翅膀，羽毛的色彩豐富，黑色、棕色、灰色、金黃色，跟牠們身上的毛色互相呼應。牠們飛行的姿態很神氣，會平張著翅膀，貼地而飛，有時在空中停住，

看準了目標，然後就撲動翅膀，箭也似的朝著目標飛去。

在夏天，猴子們會趕走樹上的鳥兒，占據鳥巢；到了冬天，牠們會趕走山洞裡的蝙蝠，在山洞裡度過漫長的冬天。但是這樣的行為太調皮了，女巫忍不住出手施法，將猴子們變成在地上爬的普通猴子。

當女巫施法時，一隻小飛天猴正好躲起來睡覺，逃過了一劫。女巫離開以後，其他普通的猴子，就請小飛天猴出來當領袖，教大家飛行。失去翅膀的猴子們從爬行學到走路，學了好久，終於學會爬樹，然而最多只能爬到樹上。

猴子們勉為其難的接受這樣的命運，從此以後，牠們每天都會爬到樹上看星星，因為那是離天空最近的地方。至於那隻小飛天猴，失去了飛翔的同伴，牠好孤獨，但是牠轉念一想，只有繼續在天空飛，才能代替族人實現夢想。

現在，小飛天猴又快樂起來，牠呼嘯一聲騰空而去，飛到了雲的盡頭。

換你寫寫看

第56頁【讀故事，學思考】參考答案

1. 第一個理由是：「問侍者能不能吃？侍者說可以，所以罪在侍者。」第二個理由是：「不死之藥號稱不死，現在吃了藥卻被殺死，就是死藥。」
2. 傳統上，統治者具有至高無上的權威，楚王為了維護自己的權威，不能讓人認為自己受了客人的欺騙，才放過侍衛，但實際上，楚王已經受到侍衛的欺騙了。
3. 侍衛是一個邏輯思維很清楚的人，他利用楚王的心理，點出了不死藥的矛盾，安全的獲得想要的利益，但這種手段十分狡猾。

第四課

創意發明玩具庫

強迫組合是故事製造機

一　經典故事屋：有其父必有其子

王員外看著兩個兒子在庭院裡玩耍，可愛的模樣，讓他越看越欣賞，忍不住摸摸下巴那一大把灰白的鬍鬚，微笑起來。這兩個孩子，可是他好不容易有的，所以平常都很寵他們。

這一天，王員外的好友艾子正好來家裡作客，艾子看著庭院的兩個孩子好一會，忽然擔憂的對王員外說：「您的兩個兒子雖然很好，可惜不太懂事，將來怎麼能夠管理家務呢？」

王員外聽了，很生氣的說：「我的兩個兒子不但聰明，還有各種本領，怎麼會不太懂事

呢？」艾子說：「不必測試他們別的，只要問他們，米是從哪裡來的？如果知道，那就是我亂說話。」

王員外就叫兩個兒子過來。大兒子笑嘻嘻的說：「我怎麼會不知道呢？米是從米袋裡來的。」小兒子也笑著說：「是。」王員外才發覺艾子說的沒錯，於是臉色嚴肅的說：「傻孩子！米不是從田裡來的嗎？」

艾子搖頭嘆氣，心想：「有這樣的父親，兒子怎麼會不笨呢？」

讀故事，學思考

1. 根據你的推想，平常王員外教育孩子的態度是怎樣呢？

2. 什麼是「不太懂事」的具體表現？請舉出一個例子。

3. 你認為王員外的兩個孩子，缺少的是什麼樣的教導呢？

古今對照看：〈富人之子〉（蘇軾《艾子雜說》）

齊有富人，家累千金①。其二子甚愚，其父又不教之。一日，艾子謂其父曰②：「君之子雖美，而不通世務③，他日曷能克其家④？」父怒曰：「吾之子敏而且恃多能⑤，豈有不通世務者耶？」艾子曰：「不須試之他⑥，但問君之子，所食者米，從何來？

若知之，吾當妄言之罪⑦。」父遂呼其子問之⑧。其子嘻然笑曰⑨：「吾豈不知此也？每以布囊取來⑩。」其父愀然改容曰⑪：「子之愚甚也！彼米不是田中來⑫？」艾子曰：「非其父不生其子。」

注釋

① 累：音壘，堆積、集聚。
② 艾子：《艾子雜說》的虛構人物。《艾子雜説》，相傳作者為蘇軾。
③ 不通世務：不了解現實狀況，又稱「不知世務」。
④ 曷：音何，怎能。克：勝任。
⑤ 敏：聰慧。恃：依仗，指具有。多能：多種本領。
⑥ 不須試之他：不必測試他們別的。不須：不必、不用。試之：測試他們。他：別的、另外的。
⑦ 當：承擔。妄言之罪：隨便胡說的過錯。
⑧ 遂：音歲，就、於是。
⑨ 嘻然笑：嬉皮笑臉的樣子。
⑩ 以：從。布囊：布袋。囊，袋子。
⑪ 愀然改容：臉色忽然改變。愀：音巧，臉色突然凝重的樣子。
⑫ 彼：那個。

二 寫作觀念遊樂園：學賈伯斯的創意

你有沒有想過：「iPhone手機為什麼只有一個按鍵呢？」

其實，這是蘋果公司執行長賈伯斯的創意。他認為：「偉大的產品都只有一個按鍵，比如抽水馬桶。那麼，手機為什麼不能只有一個按鍵？」

這樣的想法，顛覆了傳統手機有許多按鍵的設計。雖然看似矛盾，但是在賈伯斯的眼中，按鍵太多就很難使用，只有一個按鍵的話，能讓不熟悉手機的人，簡單滑動螢幕，就能優雅、方便的完成大部分的操作。所以，設計師只為iPhone保留一個按鍵，而將其他按鍵隱藏在觸控螢幕裡。

許多偉大發明的誕生，經常是像賈伯斯這樣，用顛覆與新穎的方式構思，帶出意想不到的創意。讓我們來學賈伯斯，試著發明一項前無古人、後無來者的產品，然後，為你的新產品寫個有趣的故事吧！

請掃我：賈伯斯介紹第一代iPhone 2007年發表會

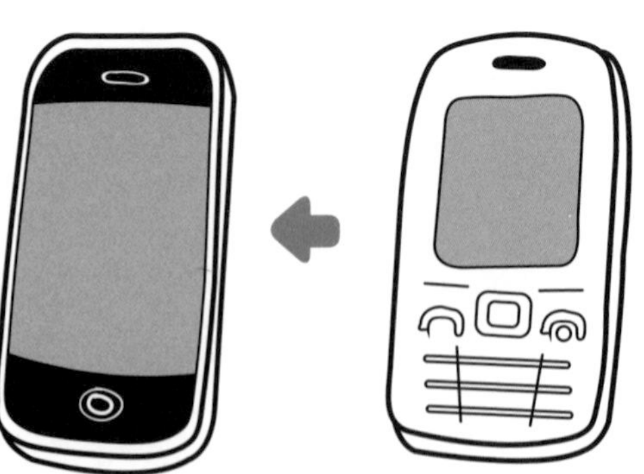

玩出故事力

我們看到的每樣東西，都是由好幾個東西組合出來的。比如飲料當中含有百分之三十的果汁、蘇打、食用色素等，像這樣把事物的特點分析出來，可以鍛鍊你的觀察力，或是利用這些特點，想出其他的好點子！

一步一步來

1. 從事物的顏色、形狀、紋理、聲音、氣味、材質、用途來觀察。
2. 收集三種常見、你也喜歡的物品。
3. 用第一點提供的幾個角度觀察這些物品。
4. 將你的觀察記錄下來。

玩給你看

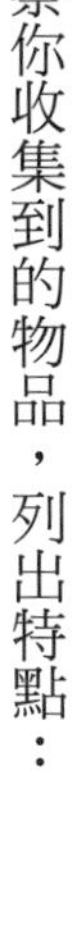

請觀察你收集到的物品，列出特點：

1. 鉛筆的特點：

白色、細長的圓柱體、上面印有「Caplet 0.5」、按壓發出「答答」聲、香水味、塑膠材質、用來寫作。

2. 橡皮擦的特點：

藍色與白色、長方形、包裝上面印字、摩擦有「沙沙」聲、橡膠味、橡膠材質、擦掉錯字。

3. 圓規的特點：

銀灰色金屬光澤、兩根尖尖的圓柱體、有一條一條的紋路、畫圓時發出「沙沙」聲、鐵鏽味、金屬材質、畫出圓形。

換你玩玩看

請挑選兩樣物品，仔細的觀察它們，然後列出幾個特點：

1. ______的特點有：

2.

______的特點有：

分析事物，就像用水果刀把一顆蘋果切成八片，每一片是一種「特點」。把事物的特點拆開來，列成清單，看看能列出幾個？

三 寫作材料收集庫：想出新點子！

在創意的世界裡，學習分析事物的特點，把這些特點稍微更改一下，就可以讓你想出新的點子。以下，就讓我們來玩玩看：

學習單 4-1 改良舊的事物

為了讓舊的事物變得更好，我們在列出事物的幾個部位後，可以更改其中的一、兩個。比如想發明更好用的螺絲起子，就將把柄的另一端改成鎚子，這樣一來，螺絲起子就變成可以「兩用」的工具。讓我們繼續練習！

一步一步來

1. 請選出兩個你喜歡的物品，將它們的每個部位列出來。
2. 更改其中的兩項特點。

3. 為這個改良後的新事物取一個名稱。

4. 請用說故事的方式介紹新事物。

玩給你看

1. 腳踏車，改良以後變成「超輕型可調踏板腳踏車」

（一）列出部位：

粉紅色的金屬骨架、兩個黑色橡膠套的把手、兩個黑色腳踏板、一個煞車、兩個黑色輪胎、黑色的車鏈、扣住車鏈的齒輪。

（二）更改特點：

a. 用比較輕的材質製作骨架。

b. 腳踏板改成可以調整高低。

（三）介紹新產品：

小豪是一個熱愛騎腳踏車的小男孩，他的力氣小，個子也很小，總是要靠爸媽幫他牽出腳踏車，抱他上座墊，才能騎車。本公司今年推出了一款新的車型，採用更輕的材

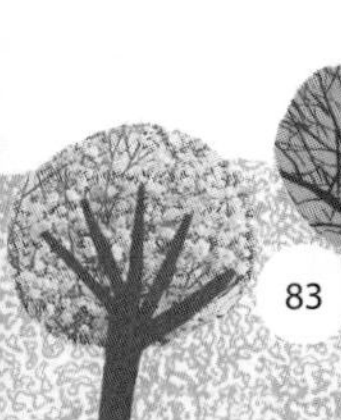

質，比保麗龍輕一百倍，比鋼還堅硬；同時也改良了踏板，可調整高低。從此以後，小豪就可以自己輕鬆搬動腳踏車、坐上座墊了。

2. 眼鏡，改良後變成「科技眼鏡」

（一）列出部位：

兩片鏡片、玳瑁色塑膠外框、兩隻玳瑁色眼鏡腳、兩個透明鼻子墊片、連接鏡片外框和鼻墊片的金屬。

（二）更改特點：

將鏡片改成可調整老花和近視。

讓眼鏡可以連結到助聽器。

（三）介紹新產品：

陳奶奶有近視，也有老花，她總是隨身帶著兩副眼鏡，拿掉和戴上眼鏡的次數多了，眼鏡架就會變形；她也有重聽，戴了眼鏡再戴助聽器，讓她覺得很不方便，也不好看。本公司今年推出一款科技眼鏡，只要用手指在右邊的鏡框點擊一下，就可以切換老花和近視的鏡片；再將眼鏡腳與助聽器結合起來，有重聽的陳奶奶只要戴上眼鏡，就能聽清楚聲音，一次解決兩個問題。

換你玩玩看

1. 我選擇的物品是：

2. 改良後的名稱是：

（一）列出部位：

（二）更改特點：

（三）介紹新產品：

小祕訣

先思考一般人在生活上會遇到的問題，再選擇你想要改良的物品，貼心的利用新的設計，改良人們的生活。

學習單 4-2 強迫組合說故事

我們運用「強迫組合」，將兩個看似矛盾、對立的事物組合起來，發明新的產品，解決人們在生活上會遇到的麻煩，然後，用說故事的角度來介紹這項產品。

一步一步來

1. 在表格的上欄寫「喜歡」，填上喜歡的物品，列出五個特點、部位或用途。
2. 在表格的下欄寫「討厭」，填上討厭的物品，也列出五個特點、部位或用途。
3. 組合兩個物品的特點，成為另一種新產品。
4. 請寫出產品的外形和功能。

玩給你看

喜歡「原子筆」	討厭「螺絲起子」
1. 有紅、藍、綠等顏色	1. 有螺旋物
2. 可以寫字	2. 圓柱體
3. 可以畫圖	3. 有木柄或塑膠柄
4. 用按鈕換顏色	4. 用手扭轉
5. 圓柱體	5. 鎖緊或卸下螺絲釘

新產品名稱：螺絲原子筆

寫作題目：我的創意發明——螺絲原子筆

「螺絲原子筆」，是所有愛父母的孩子們最喜歡的工具。在過去，螺絲起子和原子筆是獨立的兩個物品，直到有一天，我看到爸爸組裝書架時，一隻手拿著螺絲起子鎖螺絲，另一隻手扶著木板，嘴巴銜著一支筆，我就決定將這兩個物品組合在一起。爸爸可以先用筆的一端在木板上畫上記號定位，然後將筆倒轉過來，用螺絲起子鎖上螺絲，完成後就放在口袋裡，多麼便利！

換你寫寫看

表一

喜歡「＿＿＿＿」	討厭「＿＿＿＿」
1. 2. 3. 4. 5.	1. 2. 3. 4. 5.

新產品名稱：＿＿＿＿

寫作題目：我的創意發明——＿＿＿＿

小祕訣

在組合時，先思考你想要解決什麼問題，然後為故事創造一個人物，適當的加入一點情感，會使得故事更好看喔！

四 寫作練兵場：我的創意發明！

我們來練習寫一篇「我的創意發明」。喜歡或討厭某個東西，是人類的天性，一般人在可以選擇的狀況下，通常會選擇其中一個，卻很少有人將它們組合起來。用這種強迫組合的方法寫出來的故事，往往能夠與眾不同。

只要運用學習單的練習，在「喜歡」和「討厭」的欄位上自由填空，就能刺激頭腦的創意，寫出一篇有趣的故事，如果再加上「譬喻法」，描述就會更生動。現在，就從組合矛盾的事物開始，試著連結各種看似無關和對立的名詞，你的頭腦就會有源源不絕的創意，成為名副其實的「故事製造機」！

寫給你看

1. （喜歡）羽毛＋（討厭）書＝（發明）「羽毛書」

「羽毛書」是出版界劃時代的設計。傳統的紙本書體積大、占空間、不方便攜帶，但是擁有又輕又薄的羽毛書，就可以解決這些問題了。羽毛書的造型宛

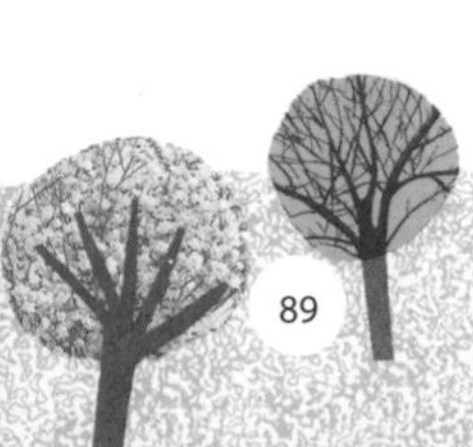

如一根輕柔的羽毛，可以帶著走。出門時，像別針別在衣服上當裝飾；想讀書時，只要拉出羽毛上的一根毛，它就會像扇子一樣的展開，成為薄如蟬翼的書頁，不看時再收起來，換另一頁。倘若你想要一覽全書，拿起羽毛書搧兩下，每根羽毛就會在瞬間同時展開成書頁，像孔雀開屏般瑰麗多彩。

2. （喜歡）故事＋（討厭）馬桶＝（發明）「故事馬桶桌」

「故事馬桶桌」是一具奇異的故事機。它的主體是一張桌子，造型與一般桌子類似，可以讓我們寫作業、打電腦和吃飯。特別的地方是，這張桌子的右邊設計了按鍵，可以播放有聲書，讓人聆聽各種音樂和故事。它的座椅就是馬桶，上面有個美麗的馬桶蓋，還有舒服的墊子讓人安穩的坐著；想上廁所時就收起蓋子，使用的人可以隨時如廁，常保清潔，很適合宅男、宅女、小朋友或老人家使用，可說是將「一物多工」發揮到淋漓盡致。

換你寫寫看

請用「強迫組合法」發明新產品，寫出介紹新產品的小短文，字數約兩百字。

自訂寫作題目：我的創意發明——

第76頁【讀故事，學思考】參考答案

1. 王員外老來得子，對孩子的教養就比較放縱，沒有刻意教育、栽培。
2. 比如王員外的兒子以為米是從米袋來的，表現出他們對外界的認識非常淺薄。
3. 王員外的兒子缺少的是「教育」，例如閱讀與認識外界的事物。

第五課 組合寫作樂趣多

抛出靈感的變化球

一 經典故事屋：燕昭王尋找人才

燕昭王收復殘破的燕國後，登上了王位，他沒有顧盼自豪，反而降低自己的身分，尋求能夠幫助國家的人才。這天，昭王親自去探望郭隗，問道：「先生，我應該求見哪位賢者才好呢？」

郭隗微微一笑，說道：「臣聽說，古時候有一位國君拿千金求購千里馬，三年了卻求不到。服侍國君的近侍就說：『請交給我吧！』國君於是派他去買馬。三個月後，近侍找到了千里馬，但是馬已經死了，他就用五百金買了

馬的骨頭，回來交差。國君很生氣的說：『我要的是活馬，死馬有什麼用？』近侍回答：『買死馬還要五百金，何況是活馬呢？天下人一定都認為您真心買馬。請放心，千里馬很快就要到了。』果然不到一年，就得到三匹千里馬。如果大王真心想要招納人才，就先從任用我開始吧！那些比我更有才能的人，看到連我都受您重用了，他們難道會因為路途太遠，而不來為您效勞？」

昭王深感佩服，於是為郭隗建造房屋，以老師的禮節對待。

讀故事，學思考

1. 為什麼近侍買了馬的骨頭以後，國君不到一年就得到三匹千里馬？

2. 你認為燕昭王在尋求人才這方面，展現出什麼良好的態度？

3. 郭隗要求燕昭王任用自己，是為了求官嗎？還是其他原因？

古今對照看：〈燕昭王求士〉（《戰國策．燕策》）

昭王曰①：「寡人將誰朝而可②？」郭隗先生曰③：「臣聞古之君人④，有以千金求千里馬者，三年不能得。涓人言於君曰⑤：『請求之。』君遣之⑥，三月得千里馬；馬已死，買其骨五百金，反以報君⑦。君大怒曰：『所求者生馬，安事死馬⑧？而捐五百金⑨？』涓人對曰：『死馬且買之五百金，況生馬乎？天下必以王為能市馬⑩。

馬今至矣！』於是不能期年⑪，千里之馬至者三。今王誠欲致士⑫，先從隗始。隗且見事⑬，況賢於隗者乎？豈遠千里哉⑭！」於是昭王為隗築宮而師之⑮。

注釋

①昭王：即燕昭王。為了使國家強大，昭王廣招天下有智之士，這篇談的就是人才。
②寡人：古代國君的自稱。
③郭隗：燕國賢人。隗，音委。
④君人：國君。
⑤涓人：古代宮中的近侍，掌管清潔灑掃事宜。涓，音捐。
⑥遣：派。
⑦反：同「返」，回來。報：回覆。
⑧生馬：活馬。安事：有什麼用。
⑨捐：花費。
⑩市馬：買馬。
⑪期年：一週年。期，音基。
⑫誠：確實。致：延攬。
⑬隗且見事：連我郭隗都受重用了。
⑭豈：難道。哉：音災，表示疑問或反問的語氣。
⑮築宮：建造房屋。師之：以老師的禮節對待。

二 寫作觀念遊樂園：組合的妙用

請掃我：創意生活組合 Snowline Carbon Table

創意，就是連結和組合不同的事物，成為另一個新事物。生活中到處看得到組合的創意，比如在中文裡，「棧」字可以用作柵欄、便道或小旅館。其中「木」是部首，告訴我們這些柵欄或旅館是用木材建造的。而「戔」有小的意思，只要有它在，代表規模一定很小，所以「馬棧」只能圈住馬，「客棧」是間小旅館，「棧道」是在懸崖邊鑿孔架木而築成的小道路。

將「木」與「戔」組合起來是造字的創意，這方法也可以用在創作上。元代的馬致遠將幾個風景組合在一起，作了著名的散曲〈天淨沙．秋思〉：「枯藤、老樹、昏鴉，小橋、流水、人家，古道、西風、瘦馬。夕陽西下，斷腸人在天涯。」將幾個畫面組合起來，書寫遊子孤獨的心情，令人留下深刻的印象。

「組合」是一種化零為整的綜合能力，可以應用在日常生活中，展現創意。善用組合，就能使你的構想具有開創性。

木＝木材，戔＝小 ⬇ 木＋戔＝棧（木材建造的小規模事物）

玩出故事力

聲音，是充滿想像空間的一種感官知覺。如果單獨聆聽事物的聲音，就可以運用聯想力，想像發出聲音的當時，究竟發生了什麼事？現在，就來分析幾種常聽見的聲音，將它們組合起來，寫成小故事吧！

一步一步來

1. 請挑選五種你喜歡的日常聲音，寫下它們的狀聲詞。
2. 將發出這五種聲音的經過，記錄下來。
3. 將聽到這五種聲音時的心情，記錄下來。
4. 利用以上的材料，組合成一篇小故事。

玩給你看

請利用下面的「表一」收集寫作材料，然後將材料組合成一篇文章。

表一

我喜歡的聲音	1. 發出聲音的經過／2. 你的心情
爸爸的鼾聲： 齁齁	1. 每晚，爸爸睡覺時，都會斷斷續續的發出很大的鼾聲，「齁齁齁」，震耳欲聾。 2. 雖然爸爸的鼾聲很吵，卻讓我好安心。
貓咪的叫聲： 喵喵	1. 每次要餵貓的時候，貓咪就發出「喵喵」的叫聲，牠會一邊叫，一邊在碗旁邊徘徊。 2. 貓叫聲聽起來像在催促我，讓我也感到著急。
門鈴的聲音： 叮咚叮咚	1. 「叮咚、叮咚」，有人按我家的門鈴，我打開大門一看，原來是郵差先生送包裹來了。 2. 我最喜歡聽見郵差先生按的門鈴聲，代表包裹送到了，有一種期待和驚喜。
妹妹打呵欠： 呵、哈	1. 晚上九點，五歲的妹妹想睡了，她「呵、哈」的打了好幾個呵欠。 2. 活潑好動的妹妹想睡了，全家都很高興，等她入睡，大人們就可以輕鬆一下了。
胡琴的聲音： 咿呀……	1. 姊姊剛開始學拉胡琴，「咿呀……咿呀……」，拉過來又拉過去，奏出不成曲調的聲音。 2. 我很期待姊姊將來奏出美妙的音樂。

寫作題目：我生活中的聲音

這一天，就由姊姊的胡琴聲拉開了序幕。「咿呀……咿呀……」的，琴弦拉過來又拉過去，不成曲調，期待姊姊將來能奏出美妙的音樂。大約接近中午時，「叮咚、叮咚」傳來門鈴聲，有點急促的，原來是郵差先生送包裹來了！我接過包裹，有一種期待和驚喜。正打算拆包裹時，貓咪「喵喵」叫著，在我的腳邊徘徊、磨蹭，提醒我該放飯了，我連忙將飼料倒入碗裡。晚上吃完晚飯後，我陪著妹妹練習注音符號，到了九點，妹妹忽然「呵、哈」的打了好幾個呵欠，我心裡偷笑，「好啊！妳這個好動的小孩，終於要去睡了，我可以休息一下囉！」我便陪著妹妹進房間睡覺。睡到半夜，我被爸爸的鼾聲吵醒了，「齁齁齁」，震耳欲聾，聲音從隔壁的房間傳過來。我笑著翻身繼續睡。雖然鼾聲很吵，但是有爸爸的陪伴，讓我感覺好安心！這些聲音就這樣伴著我，度過了幸福的一天。

換你玩玩看

我喜歡的聲音	1. 發出聲音的經過／2. 你的心情

自訂寫作題目：＿＿＿＿

小祕訣

編故事以前，記得先將收集好的材料排列順序。在組合材料的時候，也要注意流暢度和故事邏輯的合理性喔！

三 寫作材料收集庫：故事的五大要素

現在來認識故事的五大要素：人、事、時、地、物。人物是故事的角色，事件是你想說的主要故事內容，時間和地點提供了故事的背景。物有分為植物、動物或物品，常常是故事的重要「道具」。接著，就讓我們來玩玩看。

學習單 5-1 故事要素大組合

利用故事的五個要素，玩自由組合的遊戲，能幫助我們對五大要素認識得更清楚，也可以訓練組織能力和編故事的想像力喔！

一步一步來

1. 請製作五個小盒子，分別代表人、事、時、地、物。
2. 準備二十五張小紙條，針對五大要素，各寫下五個關鍵詞。

3. 把小紙條分別投入代表五大要素類別的盒子裡。
4. 隨機抽取紙條，自由排列組合，寫成一則故事構想。
5. 可以搭配本書的附錄「關鍵詞盒子」使用。

玩給你看

故事的五大要素	關鍵詞盒子
人物	兩津勘吉、哥哥、福爾摩斯、王同學、奇異博士
事件	跟怪物對戰、上課時睡覺、觀察犯罪現場、新冠肺炎擴散、上班時打電動
時間	早上八點、秋天、二〇二二年、史前一萬年、二〇五〇年
地點	烏龍派出所、家裡、城堡、教室、高空中
物品	心靈寶石、鰻魚便當、放大鏡、漫畫書、課本

我抽到的紙條是：福爾摩斯、新冠肺炎擴散、二〇五〇年、教室、心靈寶石

故事構想：

奇異博士用心靈寶石的力量，穿越到過去，將心靈寶石交給了福爾摩斯，希望他穿越到

二〇五〇年，解決新冠肺炎在全世界擴散的問題。福爾摩斯照做了，但奇怪的是，他穿越到未來後，卻落腳在一所中學的教室裡。教室裡只有三位同學和一位老師正在上課，他們看到福爾摩斯穿著古代的服裝，都非常驚訝。但是冥冥中老天自有安排，這四個人的其中一位，就是新冠肺炎疫情的源頭，福爾摩斯即將運用他的偵探能力，找出答案，解決世界的危機！

換你玩玩看

故事的五大要素	關鍵詞盒子
人物	
事件	
時間	
地點	
物品	

我抽到的紙條是：＿＿＿＿、＿＿＿＿、＿＿＿＿、＿＿＿＿、＿＿＿＿

故事提要：

小祕訣

利用自由抽取的方法，就能有源源不絕的靈感。等到熟悉這個玩法以後，可以把每一類的紙條增加到十個，試試看吧！

學習單5-2 用組合法說故事

組合作文，能訓練我們理解材料和組織的能力。通常這類題目會提供你幾個材料，要求將它們組合成一篇文章。現在，就用組合的方法寫故事吧！

一步一步來

1. 請理解和分析題目提供的材料，認識每個材料的本質和用途。

2. 為你的文章設定一個寫作的主題。
3. 將材料搭配譬喻法，圍繞著主題，寫出貼切的比喻。
4. 針對每個材料，引申出正面和反面的意義。
5. 最後將這些材料組合成一段短文。

玩給你看

表二

材料	用途	引申意義（正／反）
顯微鏡	能看見比細菌小的東西	細膩／吹毛求疵
平面鏡	能如實反映事物的樣子	誠實／缺乏想像力
穿衣鏡	能從頭到腳照見人的樣子	觀看整體／忽略細節
望遠鏡	能看到遠處的事物	有遠見／只會畫大餅
哈哈鏡	能將人的樣子變形	有幽默感／扭曲事物
《白雪公主》的魔鏡	能照出人的美麗	推崇外貌美／不忽略內在

寫作主題：好朋友像什麼？

好朋友就像顯微鏡，細膩的體貼我們的心，卻不會吹毛求疵。好朋友像平面鏡，能夠誠實的對待我們，而不會缺乏想像力。好朋友像穿衣鏡，總是帶領我們觀看事物的整體，卻不會忽略細節。好朋友像望遠鏡，他們很有遠見，卻不會只畫大餅。好朋友像哈哈鏡，他們很有幽默感，但不會讓你的心靈扭曲。好朋友像《白雪公主》的魔鏡，他們會讚美你的外貌，永遠給你正能量。

換你寫寫看

請利用上面的「表二」，寫成一百多字的短文。

寫作主題：好朋友像什麼？但不像什麼？

小祕訣

針對一個材料進行正面和反面的思考，可以訓練思考力，拓展我們對一個詞語或事物的想像，也讓你的論述呈現多角度。

四 寫作練兵場：組合讓比喻更加巧妙！

運用「表二」的材料，寫一篇「鏡子與做人」。首先設定主題，透過幾種鏡子談做人的道理。其次是運用材料，鏡子是映照事物的工具，要掌握鏡子的本質，找出本義，再引申出符合主題的意義，加上「譬喻法」進行比喻。最後針對材料，從正、反面思考，提出你的感想。

文章可以從古今名言開始引申，讓每個鏡子的比喻，都能扣合做人的道理。你可以在文章中勉勵讀者：用心感知事物，才能理解別人，培養做人的智慧。還可以選擇其他主題，如「鏡子與誤解」、「鏡子與立志」等，利用各種不同的材料來比喻說理，文章就不會令人感到乏味，而能兼顧趣味性。

寫給你看

鏡子與做人

唐太宗說：「以人為鑑，可以明得失。」意思是：我們可以拿別人成敗得失

的經驗，作為自己的借鑑。不過，如果能進一步以己為鏡，則更能省思做人的道理。做人如同望遠鏡，要有遠見的訂下人生目標。做人要像顯微鏡，細膩貼心，才能注意到別人的想法和需求。做人好比穿衣鏡，除了對周遭的事物細微觀照，也不能忽略觀看整體。做人就像平面鏡，要坦誠的面對自己和他人。但是最好不要像哈哈鏡，靠扭曲事實贏得他人喜愛，卻將真實的自己掩蓋了。做人也不要像《白雪公主》裡的魔鏡，魔鏡照出人的美麗，卻無法看見人的內心。我想，每個人都需要被理解，唯有先讓自己的心靈宛如明鏡，才能照見別人的內在。

換你寫寫看

請參考【學習單5-2】的表二，選擇三面鏡子，寫成兩百字的短文。

自訂寫作主題：鏡子與＿＿＿＿

第96頁【讀故事，學思考】參考答案

1. 近侍買死馬，讓天下人認為，國君連死掉的千里馬都願意買，表現買馬的誠意，所以天下人都願意將千里馬賣給國君。
2. 燕昭王非常謙恭的尊重人才、善待人才，人才就會聚集過來，才能集思廣益、凝聚力量，成就偉大的霸業。
3. 郭隗本身就是燕國知名的賢才，他要燕昭王任用自己，是為了做給其他的賢才看，以吸引其他的賢才來歸附昭王。

第六課

打造思維多稜鏡

用多角度思考看事物

經典故事屋：做太多的壞處

宋老二總是嫌他種的禾苗長不高，只有他的妻子、兒子才知道，他對這片禾苗有多麼用心。有一次，他半夜睡不著覺，偷偷摸摸的溜出門去，到田裡仔細的察看那些幼苗，妻子和兒子都對他的行為感到無奈，可是不論怎麼勸，宋老二還是依然故我。

這天黃昏時分，天色漸漸暗了下來，宋老二的心又開始焦躁不安，他決定趁著太陽還沒下山，到田裡用手把禾苗一株一株的拔高，弄了很久，好不容易完工了。宋老二累得氣喘吁

吁的回家，對妻兒說：「今天可真把我累壞啦！不過，我總算讓禾苗一下子都長高了！」兒子心裡感到不安，於是衝到田裡一看，果然禾苗全部死了。

孟子知道了以後，搖頭說道：「天底下很少有人不犯這種拔苗助長的錯誤。那種認為照料農作物沒有用，而不去管它們的，是只知道種植卻不除草的懶人；但這種拔苗助長的人啊，一廂情願的硬要農作物生長，卻是做太多了，一樣會壞事的啊！」

讀故事，學思考

1. 在故事中，宋老二犯的是什麼錯誤？

2. 你在生活中，有沒有看過「揠苗助長」的事呢？請分享一下。

3. 如果你是宋老二的親友，該怎麼勸他改變呢？

古今對照看：〈揠苗助長〉（孟軻《孟子．公孫丑上》）

宋人有閔其苗之不長而揠之者①，芒芒然歸②，謂其人曰③：「今日病矣④，予助苗長矣⑤！」其子趨而往視之⑥，苗則槁矣⑦。

注釋

①閔：同「憫」，擔心、憂慮。揠：音訝，拔起。
②芒芒然：疲倦的樣子。
③謂：告訴。其人：家裡的人。
④病：疲憊的樣子。
⑤予：音於，我。矣：放在句尾，表示語氣結束。
⑥趨：音區，快步走。
⑦槁：音搞，枯萎。

二 寫作觀念遊樂園：多角度思考

請掃我：《小王子 *The Little Prince*》中文完整版

宋國有戶人家從事漂洗棉絮的工作，已經好幾代了，他們為了保護雙手，製作了有效的護手藥膏。有個人想用百金購買祕方，家族的人就商量著，認為原來只賺到幾金，賣祕方卻能賺進百金，就決定賣了。結果，那個人將祕方賣給吳王，讓士兵在冬天能夠擦手，因此打了勝仗，吳王就賞給那個人一塊土地。

這是《莊子》的寓言：〈不龜手之藥〉。莊子啟發我們，一樣是護手藥膏，有的人能靠它得到封賞，有的人卻只能辛苦的漂洗棉絮。同樣的東西，使用在不同的地方，效果大不相同，關鍵就在於能不能用「多角度」思考。童話《小王子》也透過一幅「蛇肚子裡有大象」的圖畫，讓我們學會用多角度思考。

玩出故事力

在我們將多角度思考，運用到寫作構思以前，先來做個暖身操，讓頭腦靈活起來吧！假設這裡有一支「吹風機」，除了可以把頭髮吹乾，還可以利用它做哪些事情呢？

一步一步來

1. 請拿出你常用的吹風機。
2. 列出生活中最常使用吹風機做的事。
3. 脫離「吹乾」的用途，列出吹風機還可以做的事。
4. 從中挑選寫作材料，寫成一篇短文。

玩給你看

請開啟你的觀察力和想像力，寫下「吹風機」的十種用途。

你常用吹風機吹乾什麼呢？	吹風機還可以做什麼用呢？
吹乾洗好的頭髮	在冬天當作暖爐烘暖雙手
吹乾半乾的衣服	可迅速的融化冰塊
吹乾被雨淋溼的球鞋	頭痛時熱敷太陽穴，治療頭痛
吹乾牆上剛漆好的油漆	讓小傷口止血
吹乾地板上的反潮溼氣	讓起霧的鏡子立刻變得清晰

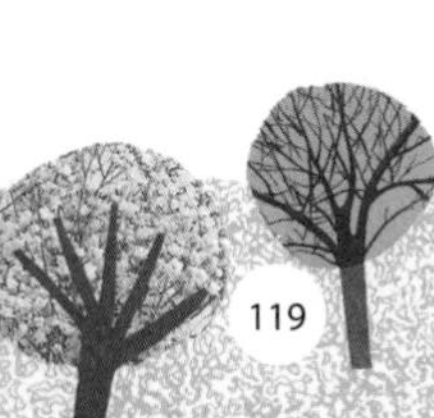

自訂寫作題目：我最愛的小家電——吹風機

我在生活中的好朋友就是「吹風機」，它除了能吹乾我的頭髮和被雨淋溼的球鞋，還能幫媽媽吹乾地板上的反潮溼氣和半乾的衣服。同時，吹風機也有其他了不起的功能：在冬天，我可以當作暖爐烘暖我的雙手；頭痛的時候，可以當作針灸熱敷太陽穴，治療頭痛；還能夠讓小傷口止血；洗完澡，可以讓起霧的鏡子立刻變得清晰。我喜歡吹風機，它是我最愛的小家電！

換你玩玩看

你常用吹風機吹乾什麼呢？					
吹風機還可以做什麼用呢？					

自訂寫作題目：

小祕訣

進行活動時，一定要跳脫原有的框架，盡可能的為吹風機找到其他的用途，就可以從這個活動中，學習創意思考的方法。

三 寫作材料收集庫：轉換多個視角

一個人看事情，只從一個角度來看的話，就容易只看到事物最耀眼、最鮮為人知的一面，卻忽略了背後的奧妙。如果你在閱讀時，想要將故事讀得更深入，就必須時常練習轉換多個視角，視野將會因此而擴大喔！

學習單 6-1 來切換視角！

〈愚公移山〉的故事好有趣！但是，這個故事怎麼只有愚公和智叟的說法呢？其他角色也贊成「移山」嗎？讓我們跟著學習單，打開創意吧！

一步一步來

1. 請選擇一則童話或寓言故事。
2. 故事裡的人物最好超過三位，如果不夠，就自己加角色。

3. 想一想每個角色會怎麼思考？說出怎樣的話？
4. 根據你的想法改編這個故事。

玩給你看

人物（角色）	人物的想法和對白
智叟	太愚蠢了！就憑你的力氣，連山上的一棵草都動不了，又能把泥土石頭怎麼樣呢？
愚公	即使我死了，還有兒子在呀！兒子又生孫子，孫子又生兒子，子子孫孫無窮無盡，還怕挖不平嗎？
愚公的兒子	但是我的兒子不一定想做這樣辛苦的事啊！
愚公的女兒	太好了！移走兩座山，我回娘家看爹娘就方便了。
愚公的妻子	老伴啊！田裡的活兒都做不完了，怎有空挖土？
天帝	為了移兩座山，一家人失和，多麼可惜！

自訂寫作題目：新編〈愚公移山〉的故事

太行、王屋兩座山，阻擋了村民往北部的交通，於是愚公發願：「一定要將這兩座山移走！」他決定帶著家人一簍一簍的把土石移走。愚公的妻子說：「老伴啊！田裡的活兒都做不完了，怎有空挖土？」鄰居智叟也說：「太愚蠢了！就憑你的力氣，連山上的一棵草都動不了，又能把泥土石頭怎麼樣呢？」愚公笑著說：「你就不懂了，即使我死了，還有兒子在呀！兒子又生孫子，孫子又生兒子，子子孫孫無窮無盡，還怕挖不平嗎？」愚公的兒子聽了，忍不住小聲說道：「但是我的兒子不一定想做這樣辛苦的事啊！」愚公的女兒卻歡欣鼓舞的說：「太好了！把兩座山移走，我回娘家看爹娘就方便了。」一家人爭執不休。天帝知道了，就決定搬走那兩座山，平息一切的紛爭。

換你玩玩看

我想改編的故事是：＿＿＿＿＿＿＿＿

人物（角色）	人物的想法和對白

自訂寫作題目：

小祕訣

先把故事原有的角色對白列出來，再增加其他的角色，同時每個角色的立場也要有正面、反面，結局也可以更改喔！

學習單 6-2 舊事物，新創意

如果我們不能用多角度看待事物，那麼紙杯就只能有「用來喝水」這一種用途，而不能有其他的創意。讓我們跟著學習單，發現事物的新創意吧！

一步一步來

1. 請準備一個紙杯，拿著它澈底的觀察。
2. 列出紙杯的十種用法，但是只能有一種跟「喝水」有關。
3. 介紹這十種使用紙杯的方法。

玩給你看

紙杯的用法	介紹使用紙杯的方法
1. 吃藥時裝水喝	將水倒入杯子。
2. 製作傳聲筒	拿兩個紙杯，在杯底穿洞，用線連起來。

3. 當作花盆	把泥土裝進杯子，灑上種子。
4. 當滅火器	把杯子裡的泥土蓋在火苗上。
5. 做成聖誕樹	剪一些彩色紙貼在杯子上，頂端加一顆星星。
6. 做成飛碟	用小刀從杯緣垂直切到杯底，分割成六等份，然後壓扁、對折。
7. 當燭台	把紙杯倒反過來，蠟燭插在杯底。
8. 做成城堡	把許多紙杯堆疊起來，蓋一座城堡。
9. 當筆筒	把筆收在紙杯裡。
10. 做成新的杯子	把紙杯送去回收，另外製作成新的杯子。

換你寫寫看

請利用下面的表格，也來想想紙杯的五種用法。

紙杯的用法	介紹使用紙杯的方法

小祕訣

這次的任務更具挑戰了，只能有一個用法跟「喝水」有關，其他都要自己想喔！記得，要將紙杯的用法寫得清楚一些。

四 寫作練兵場：紙杯的化身

請運用【學習單6-2】的材料，寫一篇「紙杯的化身」。

想一想，一件物品能有幾種用途呢？首先要從乍看平凡的紙杯外型開始述說，像觀賞變形金剛似的，看見一個個的紙杯化身，詳細的描述變身的過程。一個紙杯，卻有豐富的變化，讓我們明白：每個改變都可能是創造的契機！

建議你運用「擬人法」，將自己當成紙杯來自我介紹，想像紙杯是有生命的，設身處地去理解紙杯的心境和感受。想一想：如果你是一個小紙杯，擁有「變形」的力量，你會化身成哪些事物？又用什麼方法變身呢？

最後思考簡單的哲理，提高文章的深度。對一個小紙杯來說，變身是代表對目前「生命型態」的不滿？還是另外一種延續生命的方式呢？試著列出聯想到的事物，將它們組合起來，就是一篇充滿創意的文章囉！

寫給你看

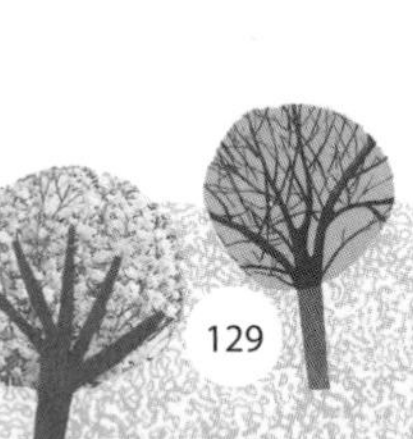

紙杯的化身

我是一個小紙杯，身上有著優雅的花紋，杯底還印了一朵黃澄澄的花。你問我只能用來喝水嗎？不，其實我擁有變形的力量，有各種化身。

當你喝完水，別急著扔掉我，只要再拿個紙杯，在我們的杯底穿洞，找一根線連起來，就成為一個傳聲筒。也可以把泥土裝在我的身體裡，灑些種子，就是花盆了。如果家裡發生小火災，可以將我身體裡的泥土蓋在火苗上，就成了滅火器。

我也是一棵聖誕樹，剪一些紅紅綠綠的色紙貼上，頂端加顆星星，我就會在聖誕節的夜裡發光。如果你想和同學玩太空遊戲，只要用小刀將我的身體從杯緣垂直切到杯底，割作六等份，再把它們對折，就是被壓扁的飛碟。生日時，把蠟燭插在杯底，就不怕蠟油滴到蛋糕上。我能化身為一座城堡，但那需要好幾個紙杯朋友的幫忙才能堆疊成功。我也是個筆筒，把筆收在杯子裡，就不怕弄丟了。

如果，你可以將我帶到回收廠，我就會脫胎換骨被製作成一個全新的紙杯，繼續生命的旅程。你看，擁有變形的能力，生命就會如此精采！

換你寫寫看

請利用你在【學習單6-2】中寫好的材料，組織成一篇文章。

第116頁【讀故事，學思考】參考答案

1. 第一，宋老二不懂得禾苗的生長規律，所以才強硬介入。第二，他不懂「欲速則不達」的道理，太過衝動冒進，容易誤事。
2. 同學的爸媽是虎爸虎媽，對孩子的學習很焦慮，總是逼孩子超前學習，最後，反而讓孩子失去了學習的熱情。
3. 我會勸宋老二：「禾苗有自己的生長步調，按照這個步調去為它施肥、澆灌，加上付出等待的時間，禾苗自然就能順利的成長，千萬不要一味的求快。」

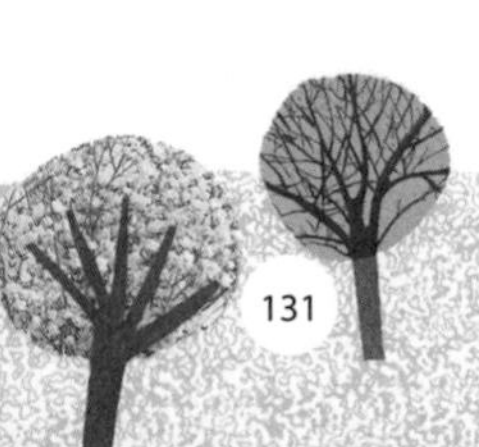

第七課
氣味的驚奇之旅
超乎想像的嗅覺體驗

一　經典故事屋：神祕的桃花源

漁夫划著槳，往桃花林的深處盪去。這時，正是東晉太元年間，朝廷因為政爭四分五裂，社會也生出許多亂象，漁夫只是個底層的小人物，他覺得自己能夠在武陵求個溫飽，就已經足夠了。

這天，漁夫沿著溪流划船，打算找個魚群豐富的地點，好撒網捕魚，卻因為貪看美景，不小心迷路了，就將小船划進一大片桃花林裡。只見桃樹夾著溪流兩岸，長達數百步，放眼望去，全都是桃樹。青草的芳香充滿了胸

臆，令人心醉神迷；草色鮮豔美麗，花瓣紛飛落下，像是桃花雨，撒了一地。漁夫覺得奇怪：「怎麼我從來沒見過這個地方？」便繼續將船往林子的盡頭划去。

漁夫划呀划，划到桃花林的盡頭，才發現這裡是溪水的源頭。他抬頭看見了一座小山，山上有個小洞口，隱隱約約，好像有光亮從裡頭透出來。漁夫丟下小船，從洞口進去。剛開始，山洞很狹窄，只能容一個人通過，走了幾十步以後，突然變得開闊明亮起來。

讀故事，學思考

1. 請找出故事中有關氣味的文字，並試著自己描述青草的氣味。

2. 如果你是漁夫，偶然找到這樣美麗的地方，你會想做什麼？

3. 你覺得漁夫應不應該一個人進去探險，為什麼？

古今對照看：〈桃花源記〉（陶淵明《陶淵明集》）節錄

晉太元中①，武陵人，捕魚為業。緣溪行②，忘路之遠近。忽逢桃花林，夾岸數百步③，中無雜樹，芳草鮮美，落英繽紛④。漁人甚異之⑤，復前行⑥，欲窮其林⑦。林盡水源，便得一山。山有小口，彷彿若有光，便舍船⑧，從口入。初極狹，纔通人⑨，復行數十步，豁然開朗⑩。

注釋

① 晉太元：東晉孝武帝的年號（西元三七六年～三九六年）。
② 緣：沿著。
③ 夾岸：指桃花種滿溪流兩岸。
④ 落英：落花。繽紛：紛繁的樣子。
⑤ 異：感到奇怪。
⑥ 復：再、又。
⑦ 窮：盡。指探索整個桃花林。
⑧ 舍：音捨，放棄。
⑨ 纔通人：剛好夠一個人通過。纔：音才，僅、只。
⑩ 豁然開朗：形容開闊明亮。豁然：開闊的樣子。豁，音或。

二 寫作觀念遊樂園：氣味的記憶

請掃我：稍縱即逝卻能喚醒記憶——台灣的氣味茶香水

世界上，沒有任何東西比氣味更容易被記憶。海倫・凱勒（Helen Adams Keller, 1880-1968）曾經形容：「嗅覺是無所不能的魔法師，能夠送我們越過千里，穿過所有往日的時光。」氣味就像在黑夜裡偶然迸發的煙火，當視覺的火光消逝後，煙硝味仍然在空氣中徘徊、盪漾，在我們的記憶裡靜靜的飄散。

氣味飄浮不定、四處遊蕩，讓人抓不住、摸不著，這是它的特性。有趣的是，在所有的感官當中，氣味是唯一沒有專屬名字的，除了香與臭，形容它們的詞彙少得可憐，我們只能自己尋找各種方式為它取名。

氣味沉默無語，卻無所不在，在呼吸間，我們聞到了氣味，瞬間重新找回許多遺忘的記憶。氣味也是最神祕、最有力量的，就像看見魔術師從一頂空的帽子裡，抽出一長串的手帕，它讓回憶和驚喜不斷的湧現。

玩出故事力

氣味虛無縹緲的特性，使人容易運用想像力，嘗試各種不同的描寫。直接描寫香、臭，是基本的寫法，比如：芬芳的玫瑰、腐臭的垃圾。可以運用以下的六種方法，為氣味創造出新詞彙。

一步一步來

氣味的命名	說明	舉例
來源法	用氣味的來源來形容。	柑橘味。
借用法	借用別的感官知覺來形容。	柑橘味是苦澀的。（味覺）
聯想法	從氣味聯想到畫面和故事。	柑橘味就像一個每天在圖書館努力讀書的學生，剛開始酸苦，最後收穫的是甜味。
抒情法	用形容情感的詞語描述氣味。	柑橘味令人心情澎湃。
比喻法	運用譬喻法，跨越感官的界線。	柑橘味像飄落滿地的楓紅，帶來秋天的訊息。（視覺）
分層次	利用微、淡、濃、烈等代表輕重程度的字眼，為氣味分出層次。	剝開橘子皮，淡淡的柑橘味噴發而出，輕微的嗆人。

玩給你看

我選擇的氣味是：玫瑰花香

氣味的命名	描述氣味
來源法	玫瑰花香。
借用法	氣味是香甜濃郁的。（味覺）
聯想法	玫瑰花聞起來彷彿一位美麗女子正在用小瓷碗，將芳草浸泡在檸檬和灼燒過的檀木裡。
抒情法	玫瑰的芳香教人心醉神迷。
比喻法	玫瑰香精的氣味，像嬰兒的肌膚般細緻，柔和得像笛子吹奏的音符，清新得像草地。（觸覺、聽覺）
分層次	將鼻子湊在玫瑰花上一聞，微微的玫瑰香氣便慢慢飄送到鼻端，多聞一會，淡淡的芬芳變得越來越濃郁。

換你玩玩看

我選擇的氣味是：＿＿＿＿＿＿＿＿

氣味的命名	描述氣味
來源法	

借用法	聯想法	抒情法	比喻法	分層次

小祕訣

先選定一個事物的氣味，用這六種不同的方法來描述，然後比較哪一種寫得最好。可以的話，多用譬喻法會更生動喔！

三　寫作材料收集庫：氣味的回憶與描述

氣味無形無影，瀰漫在空氣中，幾乎所有的事物都有氣味。有時，我們可以從一個人身上的氣味，看出他的個性和習慣。如果實際的玩玩氣味，在文章中運用嗅覺描寫，就能使文章變得生動，讓人彷彿聞到真實的氣味。

學習單 7-1　回憶中的氣味

將生活中聞到的氣味描寫出來，叫做嗅覺描寫。由於氣味具有虛無縹緲的特性，所以應該用具體的事物來形容它，才容易讓人理解。可以多用譬喻法或疊字，注重情感的抒發，將氣味與個人內心的情感融合在一起。

一步一步來

想一想下面的問題：

1. 記憶的重點：你記憶中認為最「香」的氣味是什麼？
2. 氣味的故事：那是從什麼人或事物上散發出來的氣味？
3. 氣味的描述：那個氣味像什麼？請用具體的事物來形容。

玩給你看

記憶的重點	我回憶中最「香」的氣味是粽子香。
氣味的故事	奶奶每年都會從南部寄一箱粽子給我，箱子還沒打開，就能聞到濃濃的粽子香。
氣味的描述	那個氣味讓我覺得像置身在樹林子裡，被很多樹木、樹葉包圍起來，是大自然獨有的、清新的味道。

換你玩玩看 1

我回憶中最「香」的氣味是＿＿＿＿＿＿＿＿。

氣味的故事：

氣味的描述：

換你玩玩看2

我回憶中最「臭」的氣味是＿＿＿＿＿＿＿＿＿＿。

氣味的故事：

氣味的描述：

小祕訣

在你寫出對某種氣味的回憶時，記得要把腦海中浮現的畫面描述出來，這樣，讀者才會感覺到身歷其境。

學習單 7-2 辨別與描寫氣味

所有的創作，都是從生活中得到的靈感，想要將氣味描寫得精采，就必須多多品味生活中的各種氣味，將氣味的濃與淡、純粹與複雜，仔細的分辨出來，描寫才能細膩而深刻。現在，就利用以下的學習單，學習描述氣味吧！

一步一步來

1. 在家中、公園裡或校園中，摘幾片不同植物的葉子或花瓣。
2. 將它們放在手中揉搓，把汁液擠出來，聞聞看有什麼特色？
3. 將葉子或花瓣貼在題目的方格裡。
4. 記錄你所採集的植物名稱，再用文字將氣味描述出來。
5. 加上譬喻、擬人或誇飾，增加句子的美感。

玩給你看

1. 茉莉花：散發淡淡的清甜香，在揉搓過後，混入了青草的野香，就像天使從雲端而下，隨手一撒，人間就充滿了芬芳的甘露。（譬喻）
2. 桂花香：香味中帶著一絲甜，沁人心脾。那香氣一絲絲、一縷縷的傳來，像個調皮可愛的小姑娘走入我的心裡。（擬人）
3. 香茅味：散發著濃郁檸檬的香味，鑽入我的鼻端，這強烈的刺激，像攜帶著氣味的煙火，調皮的在我腦海中蹦蹦跳跳。（誇飾）

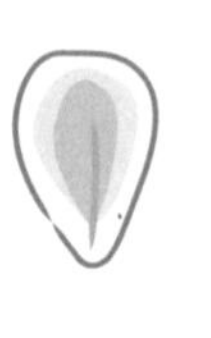

換你玩玩看

請選擇兩種植物的氣味來描述：

1. ________：

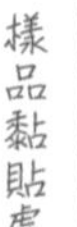

2.

：

樣品黏貼處

小祕訣

增加自己的體驗，是寫好文章重要的關鍵！請按照步驟收集材料，一邊聞氣味，一邊進行聯想喔！

四　寫作練兵場：氣味之旅

現在，我們來練習寫一篇「氣味之旅」。

首先，選一個你最喜歡，也最熟悉的事物，想一下它的氣味有什麼特色？接著，運用聯想力想想看，聞它的時候，你會聯想到什麼？這種氣味像什麼其他的事物呢？你可以用其他的感官感覺來描述它。

比如，我們先從「打開盒子」開始寫，在開頭就給人神祕、期待的感覺。接著，從氣味的來源處「巧克力」進行聯想，由外表的可可粉氣味，形容到深處的薄荷內餡，讓描寫層層深入。最後再從氣味帶動你內心的情感，用「令人安心的撫慰」、「母愛」這些充滿想像力的描述，使氣味與人的關係更緊密。

記得運用多種寫法，能使描寫變化豐富，讀者在閱讀你的文字時，似乎能聞到飄浮在空氣中的暗香，跟隨你進行一場「氣味之旅」！

寫給你看

氣味之旅

茉莉好奇的打開祖母留在餐桌上的鑲金盒子，巧克力上面裹了一層粉末，混合了牛奶的香氣飄了出來。她情不自禁的拿了一顆，送入嘴裡，微苦的可可粉碰觸舌尖的剎那，感覺苦澀中帶點甜蜜，就像複雜的愛情。再用牙齒輕輕咬下去，內餡就滑了出來，濃郁的薄荷味穿透了整個鼻腔，那股清新的味道，讓她像置身在翠綠的草原上，微風吹起，小草搖晃的樣子是令人安心的撫慰，彷彿自己已經站在雲端，眺望整個世界，又像兒時在媽媽懷抱中聞到的母愛的芬芳。

換你寫寫看

請用【學習單7-1】收集寫作材料，寫成兩百字左右結構完整的短文。

自訂寫作題目：＿＿＿＿＿＿＿＿

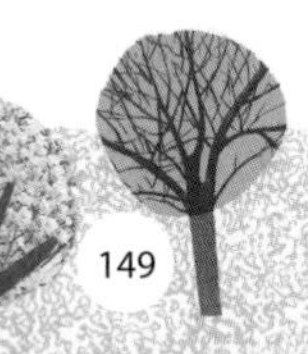

第136頁【讀故事，學思考】參考答案

1. 故事是「青草的芳香充滿了胸臆，令人心醉神迷。」我的造句是：「空氣很好聞，夾雜著青草清新而溼潤的味道，帶著一絲絲涼意。」
2. 我會想回家，帶著家人一起來觀賞這片美麗的桃花林，然後在草地上野餐。
3. 我覺得漁夫已經是成年人了，能夠保護自己，可以一個人探險。但是他如果也能帶著一些工具更好，可以防身，也可以砍除擋路的雜草。

第八課

喚醒舌尖上的味蕾

多層次的味覺想像

一 經典故事屋：曹操的白色謊言

東漢末年，曹操率領大軍出發，去討伐張繡。那一天，太陽火辣辣的烤著大地，泥土地也乾出了裂縫，那些身上背著沉重行囊的士兵，嘴唇都脫皮了，汗珠從額頭直往下滾，偏偏又找不到水源取水，他們只覺得眼前的路途像看不見盡頭似的，十分惶恐。

曹操看見士兵疲倦的模樣，有點焦急，「可不要現在就失去鬥志啊！」他靈機一動，就對士兵們說：「弟兄們！前面不遠的地方有一大片梅林，上頭結滿了又酸又甜的果實，可以生

津解渴。」

士兵們聽見了，紛紛想起梅子那酸中帶甜的味道，嘴裡不由自主的生出口水來；有了希望，精神也為之一振，竟然就產生鬥志了。最後，軍隊終於成功的找到水源，解除沒水喝的困境。

讀故事，學思考

1. 曹操告訴士兵「前有大梅林」算說謊嗎？這樣對嗎？

2. 請找出故事中形容梅子味道的句子，你也可以造句試試看嗎？

3. 如果你是曹操，除了望梅止渴，還能用什麼方法鼓勵士兵呢？

古今對照看：〈望梅止渴〉（劉義慶《世說新語．假譎》）

魏武行役，失汲道①，軍皆渴，乃令曰：「前有大梅林，饒子②，甘酸，可以解渴。」士卒聞之③，口皆出水。乘此得及前源④。

注釋

① 魏武：指魏武帝曹操。行役：行軍。失汲道：找不到水源取水。
② 饒子：結了很多梅子。
③ 士卒：士兵。
④ 乘：藉著。前源：水源。

二　寫作觀念遊樂園：將典故翻出新意

請掃我：《射鵰英雄傳》中，黃蓉做菜刁難洪七公

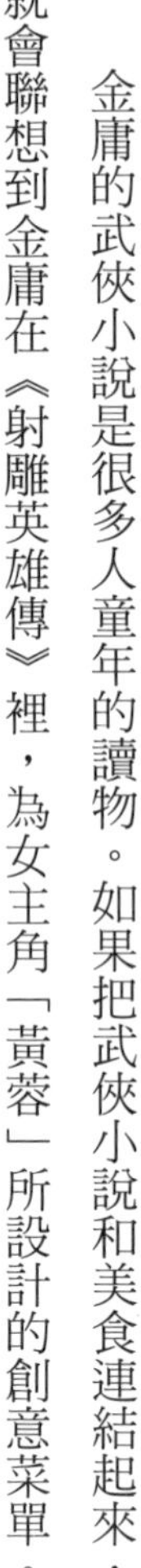

金庸的武俠小說是很多人童年的讀物。如果把武俠小說和美食連結起來，就會聯想到金庸在《射雕英雄傳》裡，為女主角「黃蓉」所設計的創意菜單。

黃蓉是個絕頂聰明的俠女，也是行走江湖的美食家，能燒一手美妙的佳餚。她把火腿剖成兩半，挖出二十四個小圓洞，將豆腐削成二十四個小圓球，放進洞裡，再把火腿合起來綁好、蒸熟，火腿的鮮味就和豆腐融合起來，滋味堪稱一絕。

更妙的是，黃蓉以唐代詩人杜牧的詩〈寄揚州韓綽判官〉作為典故，為這道蒸豆腐命名。詩曰：「青山隱隱水迢迢，秋盡江南草未凋。二十四橋明月夜，玉人何處教吹簫。」這道菜就稱為「二十四橋明月夜」。這個菜名不僅使文章頓時生輝，典故的借用，也展現了作者的文化素養和思想內涵。

這個故事告訴我們，有創意的人都擅長將典故翻出新意。現在，讓我們向大師學習，運用巧思，設計出充滿文化氣息的創意菜單。

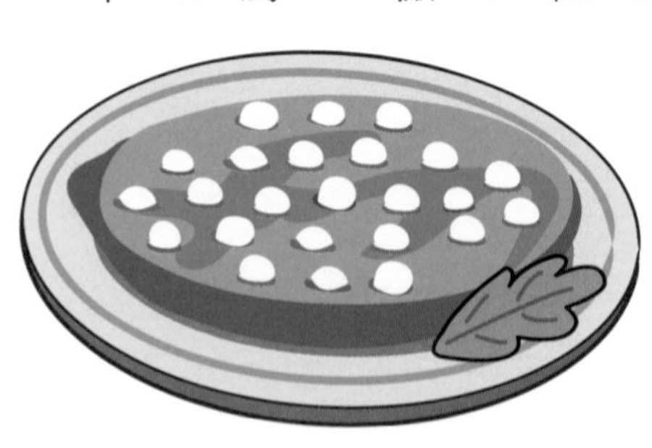

玩出故事力

食物不僅透過味道來傳遞美好的感受，也透過其他感官感覺，比如色彩、聲音、氣味、觸感等等，帶給我們美味的享受。現在，我們就先實際品嘗食物的味道，再運用想像力，把這些味道描述得生動自然。

一步一步來

1. 準備幾種食物，舉辦「試吃大會」！
2. 每吃完一樣食物，就用文字描述它的味道。
3. 運用想像力，從食物的滋味聯想到某件事物或畫面。
4. 用文字將想到的畫面描述出來。

玩給你看

1. 棉花糖：

外表鬆鬆軟軟的棉花糖，其實內在很扎實，它身上充滿了彩色的光芒。摸起來很有彈性，像雲一樣，彷彿可以在上面跳舞。聞起來有一縷淡淡的清香，裹在外面的粉，在口中化為白色的清煙，是味蕾的小床。（視覺、嗅覺、味覺）

2. 水果糖：

五彩繽紛的水果糖，堅硬的外表有著柔軟的心，將所有的酸、甜、苦、辣都藏在餡裡，外型像一朵歷經風霜的小花，終於在最後綻放出精采的一生。它的香氣，好比熱帶雨林中各種植物混合的氣味。（視覺、味覺、嗅覺）

3. 巧克力：

冰冷堅硬的它，永遠不會動搖，不論是溪水流過或是空氣吹拂，它都在那裡等我。雖然外表黑黝黝的，內在卻像火山一樣濃烈而熾熱，融化成濃郁的芬芳，在我的味蕾上迸發開來，它們在口中盡情奔放。（觸覺、視覺、嗅覺、味覺）

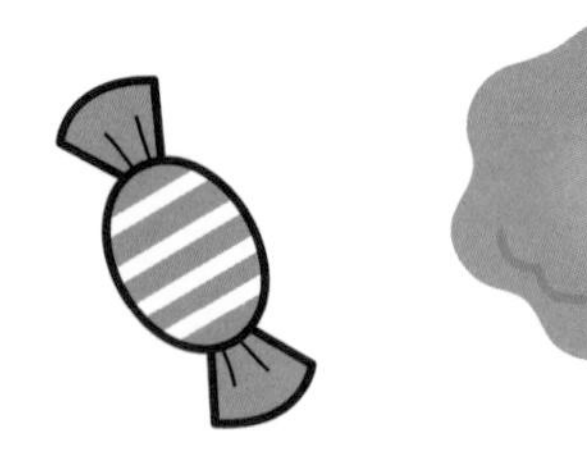

換你玩玩看

選擇三種食物，描述它們的味道，將食物的照片或圖畫，貼或畫在左頁的空格裡：

1\. 第一種食物是：

拍照或繪圖

2\. 第二種食物是：

拍照或繪圖

3\. 第三種食物是：

拍照或繪圖

小祕訣

除了味覺，最好再加入兩個以上的感官感覺，讓描述再豐富一點，可以運用譬喻法，使你的描述更有想像力。

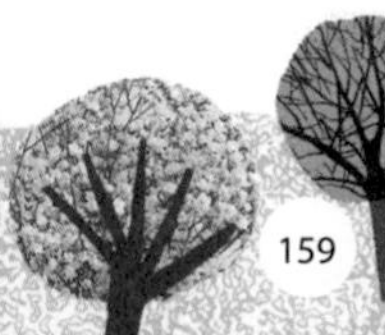

三 寫作材料收集庫：味覺的遊戲

寫作難免會書寫與味道有關的內容，也許只是單純的描寫食物，也許是將內心的感受用味道形容出來。這時，我們可以利用味道的酸、甜、苦、辣等特性，來描寫食物或味覺，使字裡行間充滿味覺的享受。

學習單 8-1 我的夢幻便當

我們每天都會帶便當上學，想一想，你最喜歡家人為便當準備什麼菜餚？或者，你喜歡吃買來的哪種便當呢？「菜色」如何？放入口中品嘗是什麼感覺？如果要設計一份菜單，你會設計什麼樣的「夢幻便當」？

一步一步來

1. 打開便當盒，將裡頭的每一種菜記錄下來。

2. 連同菜的顏色、形狀、氣味、口感也記錄下來。
3. 不知道菜名的話，可以先詢問爸爸、媽媽。
4. 利用記錄好的資料，寫成一段描述菜餚的文字。

玩給你看

今天的便當有豐富的菜色，便當裡的菜有：

1. 地瓜葉：
深綠色的地瓜葉有一種海水的鹹味，一片片的葉子和細細的梗，在便當中排列得很整齊，和白飯搭配起來，像是白雲和綠地，色彩鮮明。（視覺、味覺）
2. 竹筍：
淺黃色的竹筍有一股清新的芬芳，當中夾雜了薑的辣味，彷彿吃得到竹子的味道。它的纖維很粗，咀嚼時，必須細嚼慢嚥，才能順利入喉。（視覺、嗅覺、味覺、觸覺）
3. 荷包蛋：
白色的蛋白包圍著黃色的蛋黃，散發母愛的溫暖。一口咬下去，還沒全熟的蛋汁就流入口中，味道比全熟的蛋更鮮味。我愛半熟的蛋！（視覺、味覺）

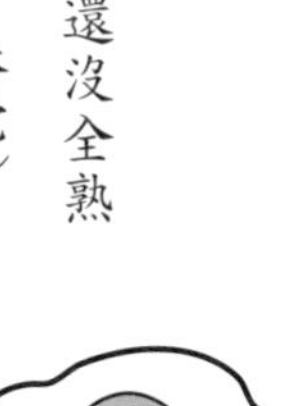

換你玩玩看

第一樣菜是：

拍照或繪圖

第二樣菜是：

拍照或繪圖

第三樣菜是：

拍照或繪圖

小祕訣

除了味覺，還要再加上另一種或兩種以上的感官感覺，描述越豐富、內容越生動。

學習單 8-2 設計創意菜單！

寫作時，將藝術、科學、民俗、飲食、詩詞、歷史等材料，融合在故事裡，成為典故，將會非常吸睛。但是典故要和文章的主旨互相融合，才能深化與突顯你想要表達的意思。現在就發揮創意，設計一份具有文化內涵的菜單！

一步一步來

1. 決定宴會的主題和餐廳的名稱。
2. 菜單上有：前菜、主食、湯品、點心和水果等五道菜。
3. 為五道菜搭配適合的詩詞或文化典故，再為菜餚命名。
4. 扮演主廚介紹菜色，結合感官摹寫，完成一篇文章。

玩給你看

宴會主題：經典人文飲宴

1. 餐廳名稱：**御風廳**。

典故 莊子說：「夫列子御風而行，泠然善也。」意思是「列子能駕御風飛行，輕飄飄的十分美妙」，指列子的自在逍遙。

2. 前菜：**生魚片沙拉**，菜名：**「蓮葉生菜沙拉」**。

典故 漢代樂府〈江南可採蓮〉：「江南可採蓮，蓮葉何田田。魚戲蓮葉東，魚戲蓮葉西，魚戲蓮葉南，魚戲蓮葉北。」描寫江南水鄉蓮花池的美景。

3. 主食：**薑絲蒸鱸魚**，菜名：**「天地悠悠清蒸鱸魚」**。

典故 陳子昂〈登幽州臺歌〉：「前不見古人，後不見來者。念天地之悠悠，獨愴然而涕下。」表現詩人懷才不遇、寂寞無奈的情緒。

4. 湯品：**豬腸四神湯**，菜名：**「天涯腸子湯」**。

典故 孟浩然〈送杜十四之江南〉：「荊吳相接水為鄉，君去春江正淼茫。日暮征帆何處泊，天涯一望斷人腸。」孟浩然為好友杜晃送行，而寫下這首送別詩。

5. 點心：**可頌麵包**，菜名：**「千里可送」**。

典故 《水滸傳・第九十回》：「燕青道：『送君千里，終須一別。不必遠勞，後圖再會。』」與朋友分離時，期待再相會的祝辭。

6. 水果：**柳橙**，菜名：**「柳橙馬車」**。

典故 折柳贈別。古代文人對柳樹有特別的感情，柳樹又稱為楊柳，因「柳」與「留」諧音，可以表達挽留、不忍分別之意。

換你玩玩看

1. 我的宴會主題是：＿＿＿＿
餐廳名稱：＿＿＿＿
典故：＿＿＿＿

2. 前菜：＿＿＿＿，菜名：＿＿＿＿
典故：＿＿＿＿

3. 主食：＿＿＿＿，菜名：＿＿＿＿
典故：＿＿＿＿

4. 湯品：＿＿＿＿，菜名：＿＿＿＿

典故：

5. 點心：＿＿＿＿，菜名：＿＿＿＿

典故：

6. 水果：＿＿＿＿，菜名：＿＿＿＿

典故：

小祕訣

寫作前，先去餐廳吃一頓，如果真的做不到，可以在不同時間分開體驗每道菜，再將它們組合起來，用餐後要做好紀錄。

四 寫作練兵場：許我一桌人文飲宴

現在，就來練習寫一篇「許我一桌人文飲宴」。

運用從【學習單8-2】學到的方法，來描述味道。先回憶一下，你曾經在哪裡吃過美味的餐點？這份「菜單」中需要前菜、主食、湯品、甜點和水果，如果你沒有吃過這樣的套餐，也可以分別將自己喜歡的菜餚放進菜單裡。

寫作時，除了思考怎麼使用典故為菜餚命名，也要形容你品嘗這些佳餚時的感受，包括味覺和心裡的感覺。如果只有描述味覺，卻忽略心裡的感受，就無法得到讀者的共鳴，在文章中加入個人的感受，是很重要的。

最後，記得運用想像力，讓抽象的味覺感受也能有畫面感，這樣一來，讀者就能跟隨著你的文字，一同進入對味覺的想像。

寫給你看

許我一桌人文飲宴

歡迎各位貴賓來到「御風廳」用餐，一同品嘗這桌「經典人文飲宴」。我是主廚詩佳，將為各位介紹今天的菜色。

第一道前菜是「蓮葉生菜沙拉」，作法是將水蓮切成小段，淋上特製的沙拉醬料，滋味甜而不膩，讓您品味「江南可採蓮」的清爽滋味。

第二道主食是「天地悠悠清蒸鱸魚」，將遠洋捕獲而來的鱸魚鋪上細薑絲，經過清蒸之後食用，滋味芬芳鮮美，送入口中會因為感動而流下眼淚，令人回味不已，彷彿置身在藍色的海洋中。

第三道湯品是「天涯腸子湯」，名稱出自唐詩〈送杜十四之江南〉的最後一句：「天涯一望斷人腸」。這碗微鹹、帶著蓮子清甜味的豬腸四神湯，熬煮後，就成了連飄泊在外的遊子喝了都能恢復元氣的還魂湯。

第四道點心是「千里可送」，主角是可頌麵包，從外皮到內裡，經過烘焙之後，口感鬆軟酥脆，味道層次分明。可頌的諧音像是「可送」，俗語說：「送君千里，終須一別。」用過這道點心，代表這場晚宴即將到了尾聲。

第五道水果則是「柳橙馬車」，師傅將柳橙皮精心雕刻成馬車的模樣，裡頭的乘客是金黃色多汁的果肉。柳橙的意義是「留你一程」，就算曲終人散，也期待貴賓們依依不捨，來日再度蒞臨我們「御風廳」相聚用餐。

換你寫寫看

請利用你在【學習單8-2】撰寫的內容，化身為餐廳主廚，向賓客們介紹你設計的菜單，字數約三百五十字左右：

我的宴會主題是：＿＿＿＿＿＿＿＿

第154頁【讀故事，學思考】參考答案

1. 這叫作「善意的謊言」或「白色謊言」，有時，一句謊言就能重燃自信心，提高工作效率。我們生命中需要一些突破點，好讓我們能擺脫困境。
2. 故事寫：「想起梅子那酸中帶甜的味道。」我造句：「梅子剛入口時很酸，接著而來的是甜味，是恰到好處的味覺衝擊。」
3. 如果我是曹操，就會讓出軍官乘坐的大車，命士兵卸下行囊放在車上，手上只拿兵器，好減輕行軍的負擔。

第九課

表現豐富的通感精靈

連結多種感官體驗

一 經典故事屋：仁義的鶻鳥

性情凶猛的鶻鳥一聲長嘯，伸爪一抓，飛過牠跟前的小鳥，就落入了牠的「魔掌」；鳥兒動彈不得，只能任由鶻鳥擺布。

這隻性情凶猛的鶻，在長安城的佛塔上築了鳥巢，已經居住很多年了。在一個冬天的晚上，寒風刺骨，鶻帶著一隻體型只有牠腳掌般大小的鳥，回到牠的巢穴。就在人們以為小鳥將被鶻吃掉時，鶻卻將小鳥的腳爪握在腳掌裡，左右不停的捂熱弱小的鳥。

隔天早上，鶻就抓握著鳥，登上佛塔的頂

端，提起腳放鳥兒飛去。當小鳥鼓動翅膀遠遠的飛走時，鶻還會伸長脖子，依依不捨的望著小鳥飛去的方向，之後才背對著離開。假如小鳥飛向東方，牠這天就絕對不會去東方獵食，其他南、北、西三個方向也是。

柳宗元聽寺廟的和尚說起這件事，忍不住發出感嘆：「唉，誰說凶猛的禽鳥不會做仁厚的好事呢？」

讀故事，學思考

1. 故事中的鶻鳥對小鳥的行為，表現出什麼心態？

2. 在自然界，有很多「大欺小」的事情發生，你能不能舉例？

3. 你有沒有見過，類似鶻鳥愛護小鳥的事情呢？

古今對照看：〈鶻說〉（柳宗元《柳河東集》）節錄

有鷙曰鶻者①，穴於長安薦福浮圖有年矣②。浮圖之人，室宇於其下者，伺之甚熟③，為余說之曰④：「冬日之夕，是鶻也，必取鳥之盈握者，完而致之⑤，以燠其爪掌⑥，左右而易之。旦則執而上浮圖之跂焉⑦，縱之⑧。延其首以望⑨，極其所如往⑩，必背而去焉⑪。苟東矣⑫，則是日也不東逐⑬，南北西亦然。」嗚呼⑭！孰謂爪吻毛翮之物⑮，而不為仁義器耶⑯？

注釋

①鷙：音至，一種性情凶猛的鳥。鶻：音胡，是一種行動敏捷、凶猛有力的鳥，常被獵人馴養來捕捉鳥兔。

②穴：窩巢。浮圖：佛塔。矣：音以，表示語句的結束。

③伺：音四，暗中觀察。

④余：我，代表第一人稱。

⑤盈握：用手能夠握滿。完，完整無缺。

⑥燠：音玉，暖和。

⑦執：拿著，握著。跂：音其，提起腳跟。

⑧縱：釋放。

⑨延：拉長、伸長。

⑩如：往、至。

⑪焉：音煙，表示語氣，放在句末。

⑫苟：音狗，如果、假設。

⑬是：這。

⑭嗚呼：感嘆詞。

⑮翮：音何，翅膀。

⑯器：度量、胸懷。

二 寫作觀念遊樂園：通感的樂趣

請掃我：你可能也是世界上只有4％的聯覺人

我們天生就有將各種感官混合表達、運用的本能，這叫做「通感」。

許多藝術家和作家都能悠遊在通感裡，用擅長的文字或畫筆描繪出這種感覺，像名曲《天方夜譚》的俄國作曲家林姆斯基—高沙可夫（Nikolai Andreyevich Rimsky-Korsakov）認為C大調是白色，A大調是粉紅色，E大調是藍色，而畫家畢卡索形容繪畫這個舉動是「綠色的嘔吐」。

我對藝術家們的想像感到好笑，直到某一天，我摸著光滑的絲緞，忍不住想到了水藍色；聽見女高音演唱時，似乎聞到了鐵鏽味以後，才開始注意到「通感」在生活中創造出來的樂趣。

如果可以大力運用通感力，透過一種感官的刺激，連帶刺激另一種感官的想像——這種寫作方式，能讓想像力更豐富，也能讓我們成為更有創意的人。

玩出故事力

通感，就是在描寫A感官感覺的事物時，運用B感官感覺的詞語來形容。寫作運用「通感」，可以突破原有的印象，帶來新奇而微妙的感受。

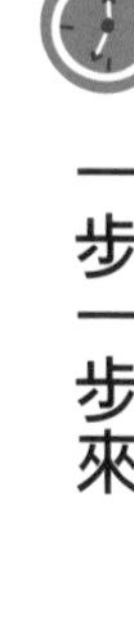

一步一步來

1. 請尋找幾個在生活上常聽見的聲音，用手機錄下來。
2. 為每種聲音編織一小段故事。
3. 將聽覺以外的感官體驗，也用文字描述出來。

玩給你看

聲音	感官的描寫	聽聲音請掃我
沖馬桶	一開始的「咖擦」聲，就像飛行中的飛碟，「轟轟」的撞倒一座高山，冒出紅通通的火光。接著，嘩啦啦的水聲，就像帶我們來到湍急的河流邊，感受到水的清涼。最後空洞的回聲，則有如傾洩而下的雨，流入了大海中。（聽覺、視覺、觸覺）	
颱風	一絲絲的雨逐滴落下，但很快就變成傾盆大雨，空氣間飄浮著潮溼的氣味。這時，天空落下一陣霹靂響聲，白光閃爍，彷彿雷神怒吼著：「不要再下了！」最後，山上的土石再也忍不住，和雨水一起大舉侵入住宅區，變成了土石流。（嗅覺、聽覺、視覺）	

鴨子叫	有一隻熱情的鴨子一邊狂奔、一邊大叫：「呱呱呱！」持續了好一會兒。忽然，牠的聲音變成溫柔的咕咕聲，步伐彷彿變慢了許多。最後的聲音像羽毛接觸到肌膚那樣輕盈，鴨子也不像先前那樣大搖大擺的走路，原來是累了。（聽覺、觸覺）	
鋼琴聲	鋼琴聲像銀鈴一樣好聽，一個鍵就是一個銀白色的鈴鐺。彈奏音樂時，像合作無間的芭蕾舞者互相伴舞；但是不小心彈錯了，就像舞者踩到了腳那般疼痛。琴音迴旋著，像在訴說夜空中那點點群星的美麗。（聽覺、視覺、觸覺）	

換你玩玩看

1. 某人的歌聲：

2. 下課的鐘聲：

3. 狗叫的聲音：

小祕訣

將聲音分解開來，比如沖馬桶的聲音被拆成三個階段，鴨子叫的聲音也有激昂和微弱的差別，再分層次描述出來。

三 寫作材料收集庫：跨越感官的界線

在練習運用五種感官（視覺、觸覺、聽覺、味覺、嗅覺）描述事物以後，可以試著打破感官的界線，發揮想像力思考一下，是否能用氣味來描述吃東西的味道？或用觸覺形容聽見的聲音？通感，讓描寫更有新鮮感！

學習單 9-1 運用通感力！

其實我們經常在生活中打破感官的界線，比如說，被籃球打到頭，引起一陣頭暈，這時可以形容為「眼冒金星」，因為痛覺會引發視覺的感受，是很正常的生理現象。現在就讓我們來練習看看，運用通感力描述事物。

一步一步來

1. 任選幾個物品，從它們的聲音、觸感、氣味等來聯想。

2. 請為每個物品說一小段故事。
3. 在每一段描述中，至少要包含三種感官感覺。

玩給你看

聲音	感官的描寫	聽聲音請掃我
香皂味	香皂獨特的味道，混合著青草的清香，連貓咪的輕呼聲都沒有這麼柔和，這是一種特別舒服的感受，就像小貓掠過草叢，無聲，卻也輕巧柔滑。（嗅覺、聽覺、觸覺）	
哭聲	急促的哭聲，猶如暴風吹斷了樹枝，樹枝掉下來打中了我的腳，感到尖銳的刺痛。在狂嘯中，略帶幾分哀傷，令人感覺苦澀，如同將睡夢中的人拉出了夢境。（聽覺、觸覺、味覺、心覺）	
玻璃瓶身	玻璃瓶光滑的外表，像淡藍色的湖面，水滴輕輕的在瓶身跳著、舞著，又像清澈的水珠從手臂上滑落，令人感覺搔癢。用指甲敲出叮叮聲，那聲音就像溽暑中的一抹清涼。（視覺、觸覺、觸覺）	
貓叫聲	貓咪悲傷的哀嚎聲，就像肥皂被我摔到地上，在浴室地板拖出一條透明的軌跡，又溼又黏的，又像蝸牛爬行的路線。（聽覺、視覺、觸覺）	

小提琴

小提琴的聲音，彷彿是一位女歌手高聲歡唱，有時傷痛，有時快樂。又有如刺骨的冷風吹過來，完全不顧人們的心情。又猶如香水一般從遠處飄來，淡淡的香水味，慢慢變得濃厚，聲音中飽含了情感。（聽覺、觸覺、嗅覺、心覺）

換你寫寫看

請描述以下三種事物。每一種事物，都要運用三種感官感覺來描述：

1. 公園的花：

2. 冰淇淋：

3. 書本：

小祕訣

請實際的觀察與研究這些物品，再進行聯想喔！

學習單9-2 通感的遊戲

現在讓我們來玩「通感的遊戲」，在這個寫作任務中，最重要的是實際的體驗。先測試自己的通感力，將感受記錄下來，最後組織成完整的一段。

一步一步來

1. 準備道具：從生活中或是音樂、電視、電影中收集幾種聲音，將它們錄下來。
2. 通感測試：將聲音逐一播放，每聽完一種聲音，就透過五種感官，把感覺寫出來。
3. 連綴成篇：將段落串連成完整的一段。

玩給你看

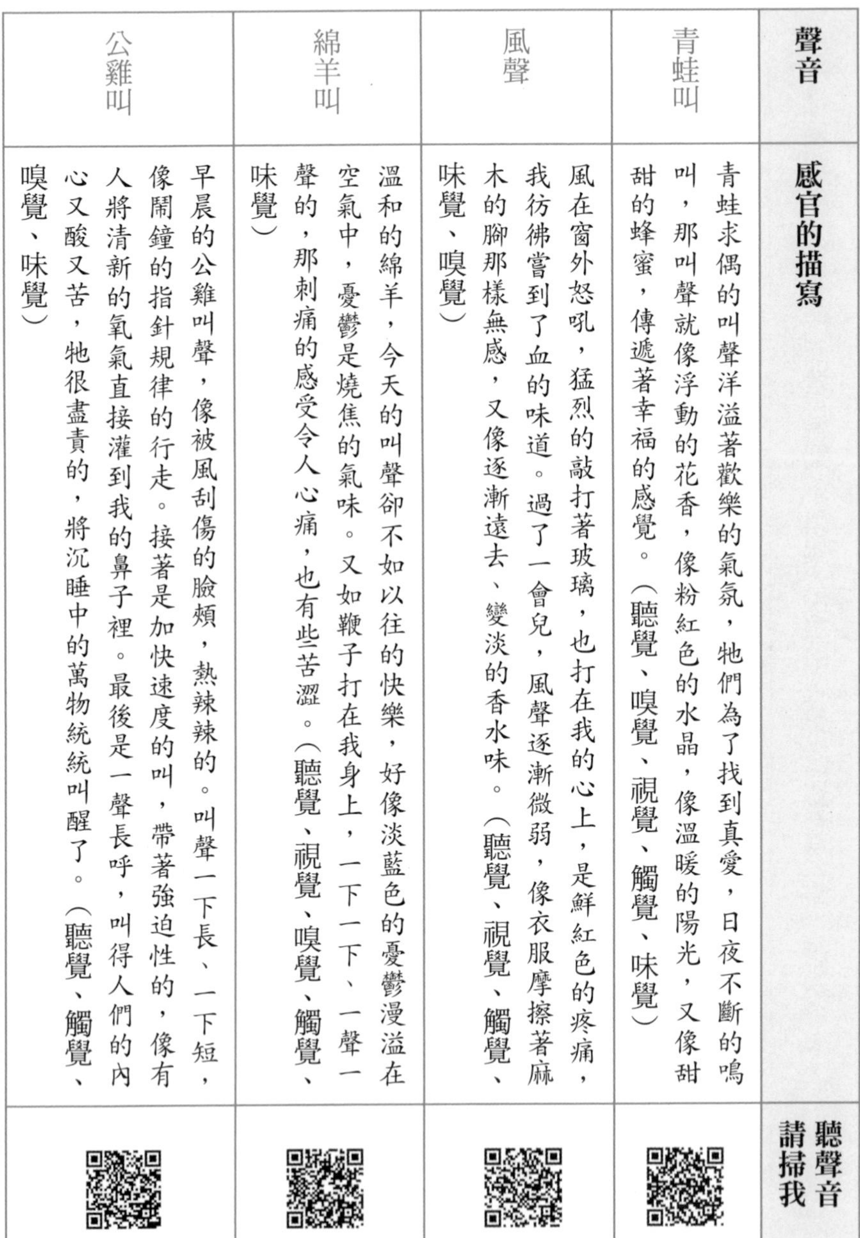

聲音	感官的描寫	聽聲音請掃我
青蛙叫	青蛙求偶的叫聲洋溢著歡樂的氣氛，牠們為了找到真愛，日夜不斷的鳴叫，那叫聲就像浮動的花香，像粉紅色的水晶，像溫暖的陽光，又像甜甜的蜂蜜，傳遞著幸福的感覺。（聽覺、嗅覺、視覺、觸覺、味覺）	
風聲	風在窗外怒吼，猛烈的敲打著玻璃，也打在我的心上，是鮮紅色的疼痛，我彷彿嘗到了血的味道。過了一會兒，風聲逐漸微弱，像衣服摩擦著麻木的腳那樣無感，又像逐漸遠去、變淡的香水味。（聽覺、視覺、觸覺、味覺、嗅覺）	
綿羊叫	溫和的綿羊，今天的叫聲卻不如以往的快樂，好像淡藍色的憂鬱漫溢在空氣中，憂鬱是燒焦的氣味。又如鞭子打在我身上，一下一下、一聲一聲的，那刺痛的感受令人心痛，也有些苦澀。（聽覺、視覺、嗅覺、觸覺、味覺）	
公雞叫	早晨的公雞叫聲，像被風刮傷的臉頰，熱辣辣的。叫聲一下長、一下短，像鬧鐘的指針規律的行走。接著是加快速度的叫，帶著強迫性的，像有人將清新的氧氣直接灌到我的鼻子裡。最後是一聲長呼，叫得人們的內心又酸又苦，牠很盡責的，將沉睡中的萬物統統叫醒了。（聽覺、觸覺、嗅覺、味覺）	

換你寫寫看

1. 蚊子飛鳴聲：

2. 媽媽的聲音：

小祕訣

聽聲音時，最重要的就是運用聯想力，想辦法跟別的東西連結在一起，比如：蚊子飛的聲音和風聲是不是很像呢？

四 寫作練兵場：通感的幻想曲

現在，就來練習寫一篇「通感的幻想曲」，寫作前，最好能夠實際的聆聽，體驗一下聽到的感受。首先選出四種你最喜歡的聲音。

接著，將每一種聲音的特徵找出來，比如「羊叫聲」是輕柔的，「青蛙叫聲」是充滿朝氣的，「公雞叫聲」是沙啞的，「風聲」是鼓譟的。除此之外，還要找出這些聲音的表現方式，比如是一聲接著一聲呢？還是連續不斷的呢？最後，就可以按照順序，將每一種聲音都用五種感官，輪流的想像一遍。

我們與所有偉大的藝術家、作家一樣，都擁有「通感」的神奇魔力，就讓感官感覺混雜起來，刺激想像力，譜寫通感的幻想曲吧！

寫給你看

通感的幻想曲

羊兒的叫聲，彷彿是散發出青草味道的肥皂，從天空的頂端優雅的滑落到柏

油路的盡頭，時而軟如白雲，時而硬如地面，這種落差猶如枕頭和木頭，是擁有廣泛表現方式的聲音。

青蛙的鳴叫，像浴室裡的海綿被擠壓時發出的聲響，咕吱、咕吱，讓人回憶起童年在樹林中玩耍的情景。雖然大自然的代表色是綠色和黃色，不過對我來說，這些充滿活力的蛙鳴，才是大自然真正的定義。

公雞喔喔叫著，就像電視節目播畢時螢幕上出現的雜訊，邊緣有一點兒破裂、刺刺的感覺，像搔癢著耳膜，讓人全身都不舒服起來，也許這是因為明天牠們將會出現在飯桌上吧！

夜晚的海風呼呼的吹，在耳畔鼓譟，感覺有點溼黏。前方女孩的長髮飄向空中，猶如開了一朵黑玫瑰，但在瞬間被強風刷了下來，彷彿訴說人生就好比一朵玫瑰，雖然有凋落的時候，但那美麗的剎那已經深植人心。

換你寫寫看

請運用在本課【學習單】裡寫好的練習，組織成一篇三百五十字左右的文章。

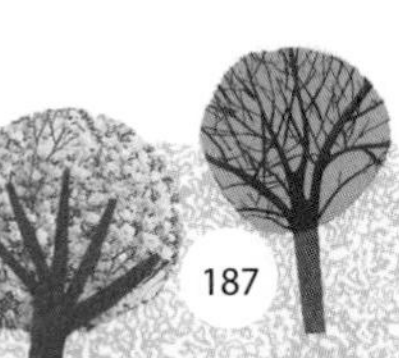

第174頁【讀故事，學思考】參考答案

1. 鵲鳥表現出來的是「仁厚之心」，對小鳥極盡愛護的心。
2. 比如海洋世界裡的白鯊。出生沒多久的小白鯊要與大白鯊搶食物，就會受到大白鯊的示威和擦撞，往往吃不到食物或受傷。
3. 我曾經在打掃時間，見過個子高的同學，幫個子矮的同學擦教室最上面的窗戶，而且是主動幫忙，對同學非常友愛。

第十課

看影片，變身寫作高手

影像的觀察與拆解

一 經典故事屋：以小搏大的螳螂

張先生在山谷中散步，眼前是無邊的綠色，耳畔是雀鳥的鳴叫與潺潺的水聲，令人心曠神怡。就在他陶醉時，山崖上忽然傳來很大的響聲，於是張先生順著一條小路往上走，躲起來偷看。

只見一條腰圍像碗口那樣粗的大蛇，在樹叢裡劇烈的撲打，用尾巴亂打柳樹，柳枝劈哩啪啦的紛紛折斷、掉下來。看牠翻身和跌倒的樣子，好像有什麼東西制伏了牠，但是仔細查看，還是看不出什麼。

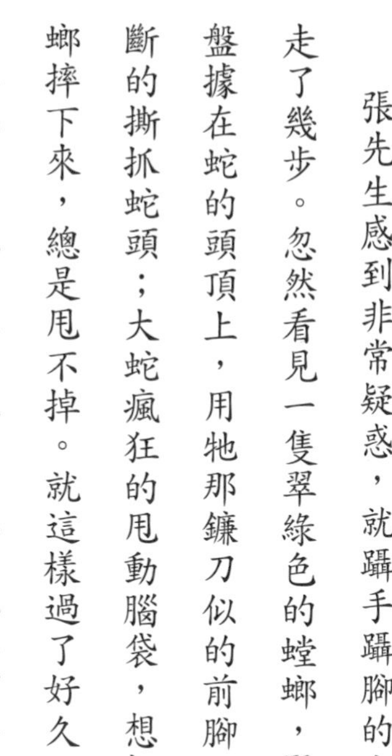

張先生感到非常疑惑，就躡手躡腳的向前走了幾步。忽然看見一隻翠綠色的螳螂，緊緊盤據在蛇的頭頂上，用牠那鐮刀似的前腳，不斷的撕抓蛇頭；大蛇瘋狂的甩動腦袋，想把螳螂摔下來，總是甩不掉。就這樣過了好久，蛇居然死了！牠頭上的皮肉，也早就被撕裂了。

讀故事，學思考

1. 螳螂很小，但蛇的身體很大，螳螂是靠什麼制伏大蛇的呢？

2. 這條蛇有體型上的優勢，卻輸給螳螂，你覺得牠犯了什麼錯誤？

3. 凡事都有一體兩面，巨蛇的優勢，會不會也是牠的短處？

古今對照看：〈螳螂捕蛇〉（蒲松齡《聊齋志異》）

張姓者，偶行谿谷①，聞崖上有聲甚厲②。尋途登覘③，見巨蛇圍如碗④，擺撲叢樹中，以尾擊柳，柳枝崩折；反側傾跌之狀⑤，似有物捉制之⑥。然審視殊無所見⑦，大疑。漸近臨之，則一螳螂據頂上，以刺刀攫其首⑧，攧不可去⑨。久之，蛇竟死。視額上革肉⑩，已破裂云。

注釋

① 谿谷：兩山間可供流水通過的地方。谿，音溪，山間的河流。
② 厲：淒厲。
③ 覘：音沾，窺視、觀察。
④ 圍如碗：指蛇的身體像碗一樣粗。
⑤ 反側：翻來覆去。
⑥ 制：管束、阻止。
⑦ 審視：詳細查看。殊：猶、尚。
⑧ 攫：音絕，用爪抓住。
⑨ 擷：音顛，跌，這裡指將螳螂摔下去。
⑩ 革肉：皮肉。

二　寫作觀念遊樂園：善用生活常識

我們都知道，水有三個主要的狀態：固體、液體和氣體，可以透過加熱或冷卻來轉換狀態，而水最厲害的，就是它可以在三態之間遊走自如，像是擁有改變形體的魔法。當水遇到熱，就氣化成水蒸氣，上升到空中，溼度夠了，便凝結為水；只要給水足夠的低溫，就會凝固成冰，把冰加熱融化，又會恢復成水。

在生活中，隨處可見水的三態，比如冰箱裡的冰是固態、溪流是液態、早晨的霧或是燒開水冒出來的水蒸氣，是氣態；冰、水、水蒸氣，就是水的三種變化。

水的三態是這麼奇妙，就讓我們為

請掃我：水的三態與應用

它們編一則好看的故事，透過書寫，把枯燥無味的理論變成充滿趣味的文章，幫助我們加深印象，理解得更深刻。

玩出故事力

請掃我：太平山十年大雪

寫作前，最重要的是「觀察」，不妨打開冰箱，拿出冰塊來看看，可以看到冰是透明的，或是帶有一點不透明的藍白色，而冰塊中心，是微小的空氣氣泡。

當冰以雪花、霜的姿態出現時，就相當輕薄而且容易融化。雪花是由微小的冰晶互撞黏在一起後，形成多樣的形狀，雖然沒有兩個完全相同的雪花，但是基本結構都是六角形。現在，就跟著遊戲的步驟，運用想像力來描寫冰和雪吧！

一步一步來

1. 從書報、雜誌、圖鑑上收集跟「冰、雪」有關的照片。
2. 像畫素描一樣，把照片當成描寫的對象。
3. 加入想像力，用各種方法描繪冰或雪。

玩給你看

描寫法	實際描寫一下
視覺描寫	道路旁的樹上結了一層淡白色的薄冰，像加了一層冰殼，讓整棵樹成了潔白晶瑩的「瓊枝玉樹」。 ☆描寫冰像冰殼，突顯它近似霜的顏色和外觀。
動作描寫	昨晚的冬雨，將每條街都鋪了一層薄薄的冰，就像一面平滑的大鏡子鋪在街道上。一位女士才剛剛踏出家門，就站立不穩，在門前滑了一跤，她屁股著地，連鞋子都飛了出去。 ☆描寫跌倒的動作，強調冰的滑溜。
譬喻法	遠遠望去，山上已經下雪了，潔淨的雪覆蓋在棕黑色的泥土上，卻沒有完全覆蓋住，使得冰面像龜殼一樣裂成美麗的紋理。 ☆描寫冰像龜殼，突顯裂開時的樣子。
描寫雪花	一片雪花輕飄飄的落在我的手掌心，是六角的結晶體。我貪心的想保存它的玲瓏剔透，它卻承受不起我的熱情，悄悄融化了。 ☆描寫雪花的外觀，還有容易融化的特性。
聽覺描寫	暖和的陽光照射在小河薄薄的冰面上，有些薄冰開始融化了，碎成小冰塊，它們相互撞擊，叮叮咚咚發出悅耳的聲音。 ☆描寫冰塊在水中撞擊的聲音。

換你玩玩看

1. 描寫刨冰時的聲音：

2. 描寫冰塊的外觀：

3. 描寫雪花紛飛的動態：

小祕訣

試著用不同的角度來描寫冰和雪，時常練習，下筆才會有變化。

三 寫作材料收集庫：觀察與描寫

寫作的第一步就是「觀察」，觀察有幾種方法，第一種，是將事物拆解開來看，比如觀察雪花，就研究它的結晶體長什麼樣子？第二種，是從不同的角度去看，比如觀察水蒸氣，就從它的顏色、形狀、飄散的方向、動態等等來觀察。

接著要注重寫作的表現方式，在這裡介紹三種技巧。第一種是擬人法，將不是人的事物當成人來寫，讓它有人的動作、思想或感覺。第二種是譬喻法。第三種是細描法，把你所看到的「細節」描繪出來，下筆細膩，文字才有美感。

請掃我：攝影師近距實拍超美雪花

學習單 10-1 水、水蒸氣和霧

請掃我：水變成水蒸氣

水在常溫下是無色無味的液體，是所有生命生存的重要資源，也是生物體最重要的組成部分。水加熱煮沸以後就變成水蒸氣。霧是自然界的一種水蒸氣，它的外觀通常是半透明、模糊的白色，會阻礙視線，常出現在河面或山間。

接著來練習描寫水、水蒸氣和霧。建議你先在家裡做實驗，搭配本單元的 QR Code 影片，運用五種感官，實際觀察水和水蒸氣的變化。

一步一步來

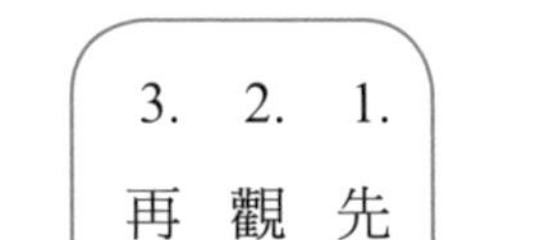

1. 先準備一碗剛煮好的熱水和一個碗蓋。
2. 觀察從熱水冒出來的水蒸氣，注意形狀、顏色、味道、飄散的方向。
3. 再把碗蓋放在水蒸氣上方，觀察水蒸氣凝結成水滴的樣子。

玩給你看

視覺描寫	濃白色的霧籠罩著度假山莊。清晨，霧從窗戶悄悄的爬進我們住的小木屋，橫躺在山道上，徘徊在樹木之間。霧也鑽進了我們的視線和心裡，變成一段揮之不去的記憶。 ☆霧像人一樣有了舉止、動作。
動作描寫	媽媽用滾燙的水，為我泡了一杯熱牛奶，水蒸氣就像公車上擁擠的人潮，爭先恐後的從杯子裡冒出來。 ☆將水蒸氣湧出的情狀比喻為人潮。
譬喻法	下雨後，透明的水珠沿著屋簷滴了下來，懸吊的風鈴在風中孤單的發抖，許多水珠也攀附著風鈴，流下更多的水。半個小時以後，水滴逐漸減少，形狀也從大如黃豆變成小串的珍珠。 ☆描寫水滴滴落的路線及由大到小的變化。

換你玩玩看

請運用以下指定的三種修辭方法，任選水、水蒸氣和霧進行描寫。

1. 擬人法：

2. 譬喻法：

3. 細描法：

小祕訣

細描，是對事物的細節做細緻入微的刻畫，想要描寫得好，有賴於細膩的觀察。

學習單10-2 看影片，學寫作

請掃我：We Will Rock You 小水滴之歌

我們的所見所聞，幾乎都可以改寫成有創意的故事，像「水的三態」這類課本上的知識，原本生硬無趣，經過想像力的改造後，就能成為好玩的故事。

現在，請掃本單元的 QR Code：「小水滴之歌」，觀看影片以後，來為小水滴整理出旅行路線。依照下面的步驟寫寫看：

一步一步來

1. 說明小水滴為什麼要出去旅行？
2. 為小水滴整理旅行路線。小水滴所到的地方，都能表現「水的三態」。
3. 決定小水滴旅行的終點是哪裡？

玩給你看

1. 小水滴去旅行的原因？

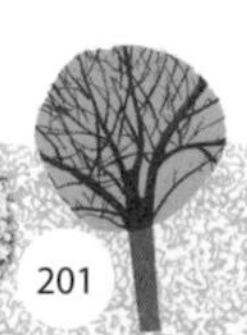

答：想去看看世界，也想要在路途中認識新朋友，成立一個水滴家庭。

2. 小水滴的旅行路線？

答：大海→天空→雲→花園→葉子→花朵→森林→灌木叢→冰山→天空。

3. 結局是如何？

答：水滴家族先回歸到大海，等到太陽出來，就蒸發回到了天上。

換你玩玩看

1. 你的小水滴去旅行的原因是什麼？

2. 你的小水滴旅行的路線有哪些地方？

3. 你的小水滴結局如何呢？

小祕訣

請先參考「小水滴之歌」的影片，你可以更改影片裡的情節喔！

四 寫作練兵場：小水滴的旅行

現在，就來練習寫一篇「小水滴的旅行」，既然跟「旅行」有關，就當作為小水滴寫一篇遊記。記得，無論到什麼地方，都不能脫離「水的三態」。

以「旅行」為題的文章，適合用「記敘文」的方式來寫。在書寫旅行時，不論出發的動機、旅行的經過、見聞和最後抵達終點的心情，都要按照次序描述出來，讓讀者彷彿跟著小水滴的腳步，也經歷了一趟旅程。

創意不是無中生有的，我們的創意，也可能來自觀賞一部影片。現在，運用你在【學習單10-2】所寫的練習，編織成一則有趣的小故事吧！

寫給你看

小水滴的旅行

我是小水滴，出生在大海，某一天，想要認識這個世界，就決定去旅行。

炎熱的夏天來臨了，我搭乘陽光的順風車，變成水蒸氣隨風飄到天空，一頭

就鑽進了雲裡。不久，水滴們陸續從大海升了上來，水氣越積越多，當小鳥掠過我身旁時，牠大叫：「準備自由落體！」於是，成千上萬的小水滴俯衝而下，變成了雨，將城市洗得乾乾淨淨。

我降落在花圃上，滑到泥土裡，乾癟的葉子和花朵都盛開了，在微風底下，它們開心的向我招手。我順著道路往前流動，經過小溪，經過森林，聞到了嗆人的濃煙味，原來是森林失火了。為了滅火，我和水滴同伴匯聚成一道龐大的水流，淹沒了起火的灌木叢，火瞬間熄滅，這就是小水滴的使命。

不知漂流了多久，我進入一座頂端戴著白帽子的山，周圍越來越冷，我的身體漸漸僵硬，最後在地上結成了霜，不能動彈，讓我好苦惱。第二天，太陽探出頭來才解救了我，我又被蒸發到天上，繼續第二次的旅行。

換你寫寫看

請寫出屬於你自己的「小水滴的旅行」，字數約三百五十字左右。

第192頁【讀故事，學思考】參考答案

1. 只要具備足夠的勇氣和膽識，與敵手對戰時，也擁有足以爭鬥的技能，就算自己的力量小如螳螂，也能夠制伏巨大的蛇。
2. 本身的優勢越大，就越容易犯了「輕敵」的毛病，所以這個故事提醒我們，絕對不要以為自己強勢，而犯了輕敵的錯誤。
3. 巨蛇的體型雖然大，但是大就會笨重，不容易閃躲騰挪，也就成為牠的短處。

第十一課

用說的不如用演的

為故事加入內心獨白

一 經典故事屋：當木棍遇到銅鐘

甲小姐問乙先生說：「用銅鑄成一口鐘，再把木頭削成木棍，用木棍撞鐘，就會發出鏗鏘的聲音。那麼，這聲音是木棍發出來的呢？還是銅發出來的呢？」乙先生笑了一下，回答：「用木棍敲牆，不能發出轟鳴聲；敲鐘就有鳴聲，所以是銅發出來的。」

甲小姐覺得不滿意，又問：「用木棍敲一堆銅板，卻不能發出鐘的響聲，聲音真的是從銅發出來的嗎？」乙先生搖搖頭，似乎覺得甲小姐很笨似的，不耐煩的說：「堆在一起的銅

板是實的，但鐘的中間是空的，所以，這種聲音只能從中空的器物發出來。」

甲小姐越聽越糊塗，又問：「如果用木或泥土做鐘，中間也是空的，敲了卻沒聲音，還能說聲音是從中空的器物上發出來嗎？」

讀故事，學思考

1. 乙先生的兩次回答，到底犯了什麼思考的錯誤？

2. 讀完故事以後，你判斷乙先生是什麼樣的個性呢？

3. 在故事的結尾，為什麼乙先生沒有回答第三個問題？

古今對照看：《鐘莛說》（歐陽脩《歐陽文忠公集．筆說》）

甲問於乙曰：「鑄銅為鐘，削木為莛①，以莛叩鐘②，則鏗然而鳴③。然則聲在木乎④？在銅乎？」乙曰：「以莛叩垣牆⑤，則不鳴；叩鐘，則鳴，是聲在銅。」甲曰：「以莛叩錢積⑥，則不鳴，聲果在銅乎？」乙曰：「錢積實⑦，鐘虛中⑧，是聲在虛器之中⑨。」甲曰：「以木若泥為鐘⑩，則無聲，聲果在虛器之中乎？」

注釋

①莛：音廷，草莖。這裡指撞鐘的木柄。
②叩：敲、擊。
③鏗然：狀聲詞，形容金屬、瓦石撞擊的聲音。鏗，音坑。
④乎：放在句尾，表示疑問的語氣。相當於「嗎」、「呢」。
⑤垣牆：圍牆、矮牆。垣，音元。
⑥錢積：堆在一起的銅板。
⑦實：填滿而沒有空隙的。
⑧虛中：中間是空的。
⑨虛器：空虛的器物。
⑩若：或、或者。

二 寫作觀念遊樂園：說故事的力量

請掃我：一千零一夜故事的由來

故事是生動、有魅力的，如果我們像說故事一樣的寫作，就能輕鬆的釋放創作能量，寫出有吸引力的文章。

傳說有個國王很討厭女人，發誓每晚跟一個女子結婚後，到天亮就將她處死，最後，全國已經找不到自願和國王結婚的女孩了。宰相的女兒不忍心，就不顧父親的反對，自願嫁給國王。那天晚上，她對國王講故事，講到徹夜不眠，天亮時，故事都還沒說完。國王為了想聽故事，只好暫時不殺她。就這樣夜復一夜，一直講到第一千零一夜，終於感動了國王，從此真心對待新娘。

善良的少女用說故事的力量，挽救了自己和別人的性命，也扭轉了國王的人生，讓國王得到真愛。我們也能善用這樣的「故事力」，使靈感源源不絕。

玩出故事力

獨白，是人物內心的聲音，是人物在故事中抒發個人情感和願望的話。比如在課堂上老師發考卷時，你內心說：「糟糕！我還沒準備好！」這種在內心的活動，就叫「內心獨白」，只有自己知道，反映了人物最真實的心理狀態。

一步一步來

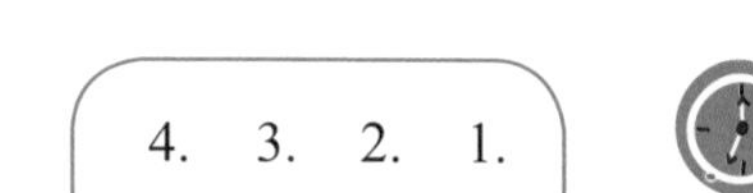

1. 先選幾個情境，思考你在這些情境下會想什麼？
2. 情境最好是令人緊張或兩難的那種。
3. 獨白的內容，表現你的選擇、情緒或願望。
4. 內容要符合情境的需要。

玩給你看

情境	我的獨白
過馬路	紅綠燈的秒數太短，我走到馬路中間就紅燈了。我心想：「好危險！站在這裡很容易被車子撞倒。啊，有輛大卡車衝過來了！我還是站在中島上好了，真的太危險了！」
中樂透	大樂透就要開獎了，我們一家守在電視前面。我心想：「如果中了頭獎，該買些什麼？對了，要買個大房子，讓我們全家都能幸福、快樂的在大房子裡生活。」
遇到偶像	在路上遇到我崇拜的偶像明星，我心想：「好想請他為我簽名喔，可是他正在跟別人講話，這樣過去會很沒禮貌，再等一下好了。好緊張！希望有機會能跟他說話。」

公車過站不停	公車開得飛快，而且過站不停。我心想：「糟糕！怎麼過站不停呢？怎麼辦？慘了！這下子我要走很遠的路才能到學校，一定會遲到！」
看醫生	排隊等著看醫生，已經等了一個小時。我心想：「等好久喔！病人真的太多了，下次我要早一點預約掛號。幸好有帶書來看。」

換你玩玩看

請參考上面的情境示範，寫出自己的內心獨白。

1. 中樂透：

2. 公車過站不停：

3. 看醫生：

小祕訣

先想想自己內心的聲音，不要寫得太簡短，要完整，並且和情境呼應喔！

三　寫作材料收集庫：獨白也是人物語言

獨白也是一種人物語言，只不過藏在心裡，只有自己知道，故事裡的其他人物都不會聽到。在練習寫獨白以前，必須先「觀察」。

我們周遭有各式各樣的人，因為年齡、身分、職業的不同，語言也不一樣，比如老人家說話就和小孩子不同。平常多注意聆聽各種人說的話，了解各種身分、個性的人說話的特色，再想一想，哪些話能反映他的個性？

學習單 11-1　用獨白表現性格

獨白寫得好，除了能突顯人物的性格，讓善良、幽默、自私、小氣的性格特徵更加鮮明，也能讓讀者愛上這個人物喔！

一步一步來

1. 從親友開始觀察，掌握親友的個性特徵。
2. 自己編幾個情境，為人物書寫獨白。
3. 獨白的內容可以幽默或諷刺。

玩給你看

人物性格	書寫情境與獨白
幽默	姊姊手上拿著論文，從考場走出來，搖搖頭，心想：「論文寫得最好的時候，是完成的那天，真的相信自己是天才！論文寫得最爛的時候，是口考的那天，才發現問題一堆！」
諷刺	讀小一的弟弟跟媽媽說：「我想要一本日記！」媽媽微笑著，心想：「寶貝，你的生活夠豐富到能夠寫日記嗎？」
關愛	我從外面回家，被雨淋了一身溼。媽媽連忙過來幫我脫下外套，眼神透露了她的心聲，像是在說：「你看你！全身都溼了，真擔心你會感冒！媽媽好心疼！」
責備	A同學抄襲B同學的作業，老師把他們兩人叫去辦公室問清楚。A同學說：「老師，我願意放棄這個作業的分數，您給我零分吧！」老師心想：「本來就不屬於你的分數，哪來的『放棄』？」

讚美
我的作文被刊登在校刊上，我拿給爸爸看，他只是點點頭而已，沒說什麼，但是他心裡的聲音在說：「我女兒是天才！我真引以為榮！」從他打電話通知所有的親朋好友就知道了。

換你玩玩看

1. 關愛：

2. 責備：

3. 讚美：

小祕訣

記得，在書寫人物獨白時，要配合描寫人物說話時的神情、姿態、語氣等，故事才會生動自然喔！

學習單 11-2 換個方式說故事

有個題目叫做「沙灘上的小貝殼」，講一個小孩想要挑出最喜愛的貝殼，但是挑了半天，什麼都沒挑到。如果平鋪直敘的說完故事，文章就會缺乏魅力；我們可以換個方式說故事，為小貝殼加上內心獨白。

一步一步來

三個方法	說明
聯想法	先想出一句話，再根據這句話編故事。比如題目是「貝殼」，就想出一句「小貝殼躺在沙灘上」，再往下聯想。
畫面法	在腦海中想像一個畫面，依照畫面描繪出細節，文字就會呈現畫面感。比如讓貝殼有「表情」，想像它在微笑的畫面。
餘韻法	結尾應該像一首餘韻繚繞的詩，輕輕的停格，不落俗套。在故事最後，故意不把寓意說清楚，可留下耐人尋味的餘韻。

玩給你看

三個方法	說明
聯想法	小貝殼躺在沙灘上↓陽光晒在它身上↓小貝殼心想應該有人搶著撿它（獨白）↓所有的貝殼都這麼想↓沙灘上布滿了貝殼
畫面法	小貝殼很開心，靜靜的打開貝殼，露出小小的縫隙，像是正在張著嘴巴微微笑。
餘韻法	最後只寫小貝殼被小孩丟掉、不見了，但是不寫出小孩心意不定，而錯失挑到貝殼的機會，讓讀者有思考的空間。

換你玩玩看

1. 聯想法：

2. 畫面法：

3. 餘韻法：

小祕訣

雖然有範例，還是可以按照自己的想法，寫出聯想、畫面和餘韻。先寫出構想，再擴充為故事。

四 寫作練兵場：沙灘上的小貝殼

現在，請練習寫一篇「沙灘上的小貝殼」。要站在小貝殼的立場來寫，內心獨白也是屬於小貝殼的，寫出它的願望和情感。

第一段寫小貝殼躺在沙灘上，想像一下沙灘的環境是怎樣？小貝殼的內心有什麼願望？除了它，其他的貝殼有什麼願望呢？

第二段出現了一個小孩，這個小孩和小貝殼之間，會發生什麼事？這件事情就是這個故事的重點。想一想，小孩走在沙灘上，有沒有想要撿貝殼？你可以寫小孩撿了貝殼，那時小貝殼的內心想什麼？當小孩丟掉貝殼時，小貝殼的感受呢？用獨白的方式表現出來。記得，要描述小貝殼的表情。

第三段傳達故事的寓意。小孩不斷的撿貝殼、丟貝殼，最後可能一無所獲，帶給我們什麼樣的省思？在結尾留下一個餘韻。

寫給你看

沙灘上的小貝殼

小貝殼躺在沙灘上，渾身沾滿了細沙，陽光晒在它的殼上，看起來閃閃發光。小貝殼想：「我身上這麼亮，應該會有人搶著把我撿回家。」其他的貝殼也這麼想，大家不約而同藉著海浪爬上沙灘，等待有緣人來。

到了中午，有一家人來到這片沙灘，他們鋪上美麗的毯子，拿出麵包和牛奶開始野餐。一個小孩吃飽後，獨自來到滿是貝殼的沙灘上，彎下腰，撿了一粒貝殼，看了又看。小貝殼很失望：「怎麼不是撿我呢！」但小孩很快就放下貝殼，走向小貝殼的方向。小貝殼好緊張，當小孩撿起它時，它開心得要歡呼起來，靜靜的打開貝殼，露出小小的縫隙，像在張著嘴巴微微笑。沒想到，小孩又發現另一個更美麗的貝殼，就把小貝殼放下，跑去拿起另一個。

小貝殼滾呀滾，滾呀滾，滾到了海裡，海浪將它托得高高的，讓它可以看到沙灘，它心裡吶喊：「喂！我在這裡呀！」只見那孩子不停撿、不停換，越走越遠，最後驚覺還是小貝殼最可愛，想要回頭時，小貝殼已經被大浪捲入海裡了。

換你寫寫看

請運用你在【學習單11-2】練習的內容，寫成一篇三百字左右的短文。

第210頁【讀故事，學思考】參考答案

1. 事物的屬性，是由多種因素所決定的。比如鐘發出鏗然聲，就與鐘的結構、莛的質地等有關，如果只抓住某一點而進行簡單的類比，就容易犯了思考的謬誤。
2. 從乙先生「笑了一下」，和他「搖搖頭，似乎覺得甲小姐很笨似的」、「不耐煩」等態度來看，他是個自以為是的人，總是自覺高人一等。
3. 乙先生先說「聲音是銅發出來」，又說「聲音從空的器物發出來」，說法天差地遠，表示他其實也不知道答案，所以當甲小姐問第三次時，他就答不出來了。

第十二課 打動人心的情節設計

說故事融入寓意

一 經典故事屋：大鵬鳥與小麻雀

在久遠的古代，莊子曾對我們講了這樣的故事：

在荒涼沒有草木、遠得要命的北極地帶，有一片大海叫做天池。海裡有一種巨大的魚，牠的身體寬有好幾千里，不知道真正的長度，名字叫作鯤。後來鯤又化成一種巨大的鳥，名字叫作鵬，牠的背部就像泰山那麼高大，翅膀像垂到天邊的雲，只要鼓動那雙巨大的翅膀，就會激起自下盤旋而上的旋風，往上飛達九萬里，飛到雲和大氣層上面。現在，牠的背頂著

青天，準備飛向南方，到南海去。

小麻雀斥鴳看見了，就嘲笑鯤說：「哈，牠飛那麼遠，要飛到哪裡去呢？我騰空而上，不過幾尺高就落下來，飛翔在蓬草和蒿草之間，就飛行來說，已經是極好了。牠還要飛到哪裡去呢！」

莊子說，這就是渺小和偉大的差別。

讀故事，學思考

1. 大鵬鳥為什麼是偉大的？小麻雀又為什麼渺小呢？

2. 你有沒有看過，類似小麻雀嘲笑大鵬鳥這樣的事呢？

3. 在故事裡，大鵬鳥沒有回應小麻雀，如果你是鵬，會怎麼回應牠呢？

古今對照看：〈鯤、鵬與斥鴳〉（莊周《莊子．逍遙遊》）

窮髮之北①，有冥海者②，天池也。有魚焉，其廣數千里，未有知其修者③，其名為鯤④。有鳥焉，其名為鵬⑤，背若泰山，翼若垂天之雲。摶扶搖羊角而上者九萬里⑥，絕雲氣⑦，負青天，然後圖南⑧，且適南冥也⑨。斥鴳笑之曰⑩：「彼且奚適也⑪？我騰躍而上，不過數仞而下⑫，翱翔蓬蒿之間⑬，此亦飛之至也⑭。而彼且奚適也！」此大小之辯也⑮。

注釋

①窮髮：荒遠無草木的地方。
②冥海：傳說中的海。
③修：長度。
④鯤：古代傳說中的大魚。
⑤鵬：古代傳說中，由鯤化成的大鳥。
⑥摶：音團，拍擊。扶搖：從下盤旋而上的暴風。羊角：旋風。
⑦絕：穿越。
⑧圖南：企圖飛向南方。
⑨且：將。適：往。南冥：南方的大海。
⑩斥鴳：一種小型的鳥。鴳，音燕。
⑪彼：牠。奚適：哪裡去？
⑫仞：古代八尺為一仞。
⑬蓬蒿：蓬、蒿，都是野草，這裡借指野地。
⑭飛之至：飛翔的頂點。
⑮大小之辯：鯤、鵬（大）與斥鴳（小）的區別。辯：同「辨」，區別。

二 寫作觀念遊樂園：對生命的思考

請掃我：曇花綻放37秒影像美麗直擊！

傳說曇花是個花神，原本每天開花，四季燦爛，直到她愛上了一個每天為她鋤草的男孩。上天知道了，很生氣，硬要拆散這對情侶，就把花神貶為一生只能開一瞬間的曇花，還把男孩送去出家，賜名「韋馱」，要他永遠忘記花神。

可是花神忘不了男孩，她知道每年的暮春時分，韋馱都會上山採春露，為佛祖煎茶，於是她也選在那時候開花，希望能見韋馱一面。只可惜，春去秋來，花開花謝，韋馱還是不認得她，曇花卻繼續她的堅持，只為了能再見到韋馱。

曇花雖然只綻放三個小時，但它在短暫中創造了永恆。我們可以由此獲得啟發：該怎樣看待短暫的生命呢？

玩出故事力

寫作有時不妨運用逆向思考，培養解決問題的能力。一般人看「一分鐘」的短暫生命，通常想的是「如何延長目前的壽命」，但如果用不同的角度思考，嘗試在一分鐘之內解決問題，就可以得到不同的結果。

一步一步來

1. 假設多啦A夢只剩下一分鐘的壽命。
2. 請列出三項多啦A夢在一分鐘以內能做的事。
3. 說明該怎麼做這些事。
4. 將這些材料串聯成一則短文。

玩給你看

一分鐘內做的事	故事構想
結婚	多啦A夢馬上向女朋友小咪求婚，小咪既開心、又傷心，臉蛋也跟身上一樣變成粉紅色。
創造新事物	多啦A夢拿出竹蜻蜓和任意門，將它們組合成會飛的任意門，大雄就可以穿越到不同世界。
讓精神永存	多啦A夢拿出「飛快打字機」，將一生寫成傳記，變成一本書，讓大雄把他的故事流傳下去。

寫作題目：多啦A夢最後的一分鐘

幾十年過去了，多啦A夢的電池只剩下最後一分鐘，他立刻單膝下跪，向交往了五十年的女朋友小咪求婚，小咪既開心、又傷心的答應了，臉蛋跟身上的粉紅色一樣紅。接著，多啦A夢拿出竹蜻蜓和任意門，將它們組合成會飛的任意門，交給大雄，以後大雄就算沒有他，也可以穿越到不同世界。他又拿出「飛快打字機」，只花幾秒鐘就將一生寫成傳記，變成一本書，請大雄將他的故事流傳下去。很快的，一分鐘到了，多啦A夢平靜的睡著了，臉上還帶著微笑。

換你玩玩看

請選擇一個卡通人物，假設他的生命只剩一分鐘，該做些什麼事呢？

一分鐘內做的事	故事構想

自訂寫作題目：

小祕訣

故事往奇幻的方向構思，比較容易下筆喔！除了多啦A夢，皮卡丘、庫洛魔法使、蠟筆小新等卡通人物，都是很好的題材。

三 寫作材料收集庫：先想主旨，再設計情節

如果希望文章有寓意，就要先想好「主旨」，將它融入故事。比如〈東施效顰〉說的是「模仿別人不得要領，就成了四不像」，可以想出東施模仿西施捧心，引起負面批評的故事。先想主旨，再設計情節，是說故事的祕訣喔！

學習單12-1 蒼蠅一分鐘的生命

請掃我：One Minute Fly (official)

寫故事以前，都要先經過「設計」。現在就來欣賞動畫作品「蒼蠅一分鐘的生命」（One Minute Fly），然後跟著學習單玩玩看，為這支影片寫一則短文吧！

一步一步來

1. 先欣賞動畫影片「蒼蠅一分鐘的生命」。
2. 將蒼蠅完成的事記錄下來，至少列出十項。

3. 針對以上的紀錄，寫成一則短文。

玩給你看

記錄蒼蠅完成的事項	
叮咬浣熊，吸牠的血	高空彈跳
大醉一場	談戀愛
舉辦派對	遇到鯨魚
飛到樹的最頂端	拯救某人
成功躲開鳥的攻擊	從蜘蛛網逃生

寫作主題：蒼蠅一分鐘的生命

小蒼蠅出生以後，馬上拿到一張清單，上面列出生命結束前應該做的事。牠發現自己的生命只有一分鐘，於是趕快照著清單做：先叮咬浣熊，吸牠的血，吸飽血以後，就像喝醉酒一樣大醉一場，然後抱著蝸牛跳舞、開派對。接著，牠飛到樹的頂端看風景，忽然聽到一聲鳥鳴，牠往旁邊一閃，躲過了鳥的攻擊。牠從高處向下墜落，完成高空彈跳的任務，下墜時，經過一隻可愛的母蒼蠅，就談了一場幾秒鐘的戀愛。抵達海面上時，第一次看到鯨魚，從鯨魚的口中拯救了一條小魚，牠又飛快的衝破蜘蛛網，從蜘蛛的口中逃生。最後，蒼蠅終於結束了一分鐘的生命，雖然短暫，但是牠的生活非常充實而精采。

換你玩玩看

記錄蒼蠅完成的事項（也可以加上新事項）	

自訂寫作主題：＿＿＿＿＿＿

小祕訣

雖然是寫小短文，還是要有頭有尾喔！開頭先交代故事的起因，中間寫蒼蠅完成了什麼事項，最後再用感性做結尾。

學習單 12-2 黴菌一分鐘的一生

完成了【學習單12-1】的練習以後，現在用同樣的方法，來想一想「黴菌一分鐘的一生」該怎麼寫？請跟著下面的學習單玩玩看！

一步一步來

1. 收集和閱讀有關「黴菌」的知識。
2. 當黴菌只有一分鐘的生命，它會做些什麼事？
3. 請列出黴菌想做的事情。

玩給你看

※**知識補帖**：什麼是黴菌？

答：黴菌是真菌類，在環境中無所不在，它的菌絲呈長管、分枝狀，有多個細胞核，並會聚成菌絲體。黴菌常用孢子的顏色來稱呼，比如黑黴菌、紅黴菌或青黴菌。

黴菌想做的事情
1. 在空氣中飄蕩。
2. 跳上蝴蝶的翅膀。
3. 飛到溪邊找青苔。
4. 繁衍生命。
5. 在麵包上扎根。

換你寫寫看

黴菌想做的事情					

小祕訣

在寫作以前，你需要調查黴菌的相關知識，這會讓你的故事更有說服力喔！

四 寫作練兵場：將哲理融入故事

現在，就運用【學習單12-2】的內容，來寫一篇「黴菌一分鐘的一生」。

首先確定故事的主旨，比如與其想辦法延長生命，不如創造與傳承新的生命，所以黴菌將要死去以前，它會努力的繁衍生命。其次是營造開頭，一開始就說明，孢子是怎樣發現自己只有「一分鐘」，把過程加上一點神奇的色彩。

接著描述經過，當孢子發現生命很短暫時，它做了哪些事情來挽救呢？是想辦法延長生命，還是有其他的領悟？最後交代結尾，說明孢子解決問題的方法，是等待生命的時鐘歸零，消失在空氣中，還是找個好地方寄生，創造新生命呢？

擅長說故事的人，不會在文章裡嚴肅的說教，而是把自己想表達的哲理和道理，透過情節的設計，自然的融入故事。讓我們來練習寫寫看！

寫給你看

黴菌一分鐘的一生

兩顆黴菌孢子無拘無束的飛著，彷彿清高的隱士，不願接觸塵世的煩擾。在飛翔間，其中一個孢子的頭上突然出現了一排黑色的數字，顯示「一分鐘」。它迅速的倒數，等到歸零了，孢子就掉下去，消失在空氣中。原來那時鐘是提醒孢子：你只剩一分鐘的生命。

另一個孢子看到了，大驚失色，才知道自己一生只有一分鐘的生命！它頭上的時鐘正在倒數，於是它飛東飛西，在空氣中飄蕩，一下子跳上蝴蝶的翅膀，一下子飛到溪邊找青苔，一心想延長生命，但都沒有結果。時間快速的流逝，它忽然了解到，生命的意義，應該是為族群的繁衍有所貢獻。

這時，有塊躺在潮溼陰暗角落的麵包，立刻成了孢子的目標。剛開始，它不敢與之碰觸，漸漸的，它喜歡上那種鬆軟的感覺。抬眼看，只剩最後十秒了，於是將菌絲輕巧的伸入蓬鬆的表面，在那塊麵包上扎根。終於倒數到最後一秒，「波」一聲，一顆顆孢子興奮的破裂而出，準備迎接下一個一分鐘的生命。

換你寫寫看

第228頁【讀故事，學思考】參考答案

1. 大鵬鳥志在遠方，能力強，所以偉大。小麻雀的能力低下，眼光淺短，所以渺小。
2. 有些能力需要較長的時間才能培養。比如讀書，有的同學在還沒完全準備好時，就被別人嘲笑，但殊不知，這些同學正穩紮穩打的醞釀著，有一天會發光發熱。
3. 如果我是大鵬鳥，我會對麻雀說：「我志在遠方，不會跟你進行無謂的辯論。」這麼回答才能表現大鵬鳥寬闊的格局。

第十三課

拆解創意煉金術

分析事物，培養描述力

經典故事屋：工之僑的琴

工之僑拿著一塊木頭，愛不釋手，讚嘆道：「這塊桐木的材質多好啊！一定能做出最好的琴。」就將桐木製作成一張琴，裝上琴絃，彈奏起來聲音像金鐘、玉磬那樣和諧動聽。他認為這是天下最好的琴，就獻給朝廷的宗廟禮儀大臣，大臣又請國內最知名的樂師來鑑定。然而樂師說：「這不是古琴啊！沒什麼價值。」便把琴退回來。

工之僑拿著琴回家，去找油漆匠商量，在琴身漆上殘斷的花紋；又和雕刻工商議，在琴

上雕刻古代收藏家的題字，然後裝在盒子裡，埋在泥土中。過了一年，挖琴出土，抱著琴到市場上展示。一位大官路過，看到了琴，花費一百兩金子買了下來，獻到朝廷上。樂官們傳遞著細細觀賞，都說：「這真是世上少有的珍寶啊！」

工之僑聽了，很感慨的說：「世道真可悲！難道只有這張琴是這樣嗎？世上的事情沒有不這樣的！我如果不早做打算，恐怕就會一起淪喪！」於是，工之僑隱居到宕冥山，從此沒有人知道他的下落。

讀故事，學思考

1. 樂官為什麼因為琴不夠古老，而將它退還給工之僑呢？

2. 工之僑賺了不少錢，應該很高興，為什麼跑去隱居呢？

3. 你覺得工之僑不靠仿冒古琴賺錢，是不是很傻？為什麼？

古今對照看：〈工之僑為琴〉（劉基《郁離子》）

工之僑得良桐焉①，斲而為琴②，弦而鼓之③，金聲而玉應④。自以為天下之美也，獻之太常⑤。使國工視之⑥，曰：「弗古⑦。」還之。

工之僑以歸⑧，謀諸漆工⑨，作斷紋焉⑩；又謀諸篆工⑪，作古窾焉⑫。匣而埋諸土⑬，期年出之⑭，抱以適市⑮。貴人過而見之，易之以百金⑯，獻諸朝⑰。樂官傳視⑱，皆曰：「希世之珍也。」

工之僑聞之，嘆曰：「悲哉，世也⑲！豈獨一琴哉？莫不然矣⑳！而不早圖之㉑，其與亡矣㉒！」遂去，入於宕冥之山㉓，不知其所終㉔。

注釋

① 工之僑：虛構的人物。良桐：優質的桐木。
② 斲：音濁，砍伐、削木。
③ 弦：動詞，裝上絲弦。鼓：動詞，彈。
④ 金聲而玉應：琴弦彈出的聲音，像金鐘、玉磬的聲音互相應和。
⑤ 太常：掌管宗廟祭祀、奏樂禮儀的官。
⑥ 國工：國家傑出的樂工。
⑦ 弗古：不古老。
⑧ 以歸：拿琴回家。
⑨ 謀：商議。
⑩ 斷紋：古琴上面的油漆裂紋。
⑪ 篆工：雕刻工匠。
⑫ 古窾：古物上所刻製作者或收藏者的題字。窾，音款，題字。

⑬匣：動詞，裝在盒子裡。
⑭期年：一週年。期，音基。
⑮適：到、往。市：市場。
⑯易：交易、購買。
⑰朝：朝廷。
⑱樂官：掌管宮廷音樂的官。
⑲世：世道。
⑳莫不然矣：沒有不是這樣的啊！
㉑圖：打算。
㉒其與亡矣：大概也要跟世道一起淪喪。
㉓宕冥之山：虛構的山名。宕冥：大氣層。
㉔所終：下落和結果。

寫作觀念遊樂園：靈感是分析來的

請掃我：達文西——全能奇才兼跨界狂魔

一篇好文章除了有深刻的內容，也需要好的文采，而「描寫力」就扮演著關鍵的角色。有句話說：「魔鬼藏在細節裡。」真正有趣、有深度的事物，往往就在人們忽略的細節中。某些文章太平淡，往往是因為作者對細節不講究。

想將事物描述細膩，得先學會「分析」。李奧納多·達文西（Leonardo da Vinci, 1452-1519）是各個領域的天才，他為了生動精確的表現人物，在一四七二年開始研究解剖學，成為第一位分析人體結構、精確掌握人體描繪的藝術家。

達文西帶來的啟示是，要創作好的文章，必須學會精細的「解剖」（分析）材料。對於我們熟悉的事物深入分析，仔細看，你才能看得更多。

玩出故事力

分析，是在腦中將事物或對象，由整體分解成許多小的部分或屬性。如果你不知道自己想做什麼，人生好迷惘，該如何認識自己呢？透過分析自己，是了解自己的好方法。現在就跟著學習單，一步一步的分析自己吧！

請掃我：說人解字——陶淵明

一步一步來

1. 參考陶淵明的〈五柳先生傳〉。
2. 分析文章中關於「五柳先生」的幾個屬性。
3. 屬性包括：名字、個性、對讀書的態度、嗜好、人生觀。
4. 把你的發現寫成文字，說明清楚。

玩給你看

將陶淵明在〈五柳先生傳〉中對自己的五項分析，填寫在下表。

陶淵明的自我分析	說明（白話改寫）
名字的由來	五柳先生的住宅邊有五棵柳樹，就用這當作名號。
個性描述	他很安靜，話說得很少，從來不羨慕榮華富貴。
對讀書的態度	他喜歡讀書，不在字句的解釋上鑽牛角尖，每當對書本的內容有所領悟，就會高興得忘了吃飯。
嗜好	愛喝酒是他的天性，然而家裡窮，常常沒有酒喝。

人生觀	他常常寫文章抒發自我，或許稍微透露出志趣。他從來不介意得失，就這樣子過完一生。

換你玩玩看

我對自己的分析	說明
名字的由來	
個性描述	
對讀書的態度	
嗜好	
人生觀	

小祕訣

如果想進一步理解陶淵明的〈五柳先生傳〉，可參考**《閱讀寫作神救援！》**這本書喔！（高詩佳著，小麥田出版）

三 寫作材料收集庫：鍛鍊你的描述力！

達文西畫畫時，是先將事物分成幾個部分才畫出來。試試看學達文西，把一件物品拆開成許多小部分，盡可能的用形容詞、譬喻法，將它們描述出來。

學習單 13-1 拆開來，描述它

把事物拆開來，仔細的研究，可以培養我們的觀察力。如果能夠更進一步，將它們用不同的方式描述出來，寫成短文，就能訓練寫作力喔！

一步一步來

1. 挑選一個可以被拆成幾個部件的物品。
2. 先用一、兩個句子描寫整個物品。
3. 把拆開的每個部分，都用一、兩個句子來描寫。

4. 最後組織成一段文字。

玩給你看

我選擇的物品是：原子筆

物品與它的部件	描述
整支原子筆	我的原子筆外型是一隻粉紅色的小鹿。
筆蓋	筆蓋是粉紅色的，長度大約是三公分。
筆身	筆身也是粉紅色的，最頂端有一個鹿頭，頭上有兩根鹿角，有兩個笑咪咪的眼睛，還有一顆紅色的大鼻子。上面印了一句話：「有國籍才有相對等的福利。」
筆芯	筆芯是白色的，裡面裝滿了藍色的墨水。
筆頭蓋	筆頭蓋是白色的。
總結	這是一支漂亮又有意義的原子筆。

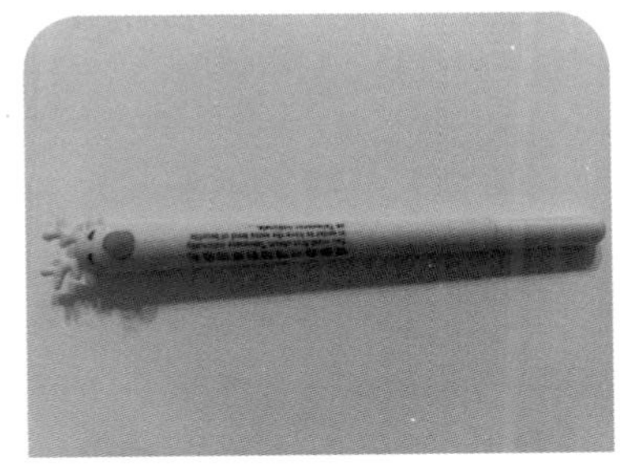

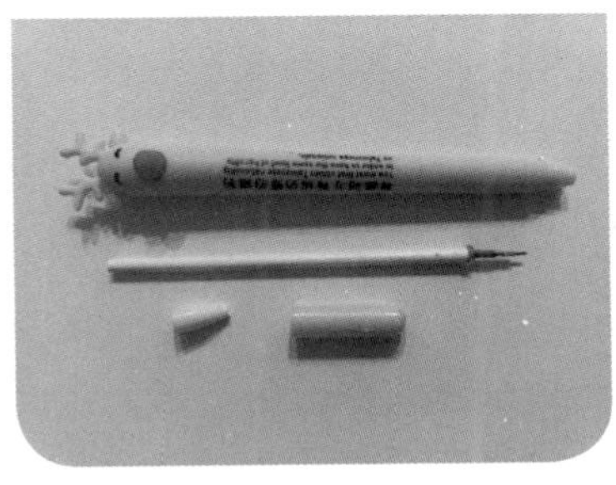

我最喜歡的物品是一支原子筆，是參加公益活動得到的禮物，很特別的是，它的外型是一隻粉紅色的小鹿。它的筆蓋是粉紅色的，大約有三公分。筆身也是粉紅色的，最頂端有一個鹿頭，頭上有兩根鹿角，有兩個笑咪咪的眼睛，還有一顆紅色的大鼻子。上面印了一句話：「有國籍才有相對等的福利。」這句話告訴我們人權的重要。筆芯是白色的，裡面裝滿了藍色的墨水，筆頭蓋也是白色的。對我來說，這是一支漂亮又有意義的原子筆。

換你玩玩看

物品與它的部件	描述

拍下物品的照片，列印貼在下面：

照片黏貼處

自訂寫作主題：

小祕訣

選擇物品時，不要選構造太複雜的物品，先從組成比較簡單的開始，日後再增加難度。也要確定拆開以後能裝回去喔！

學習單 13-2 細膩的描寫人物

假如，現在讓你描寫一篇「漫步森林的女孩」，這個女孩就是故事的主角，必須仔細的形容、描述她的長相和打扮，讀者才會對你的角色印象深刻。接下來，就利用學習單提供的步驟，為塑造角色收集寫作材料吧！

一步一步來

1. 先將女孩的長相特徵列出來。
2. 接著將女孩的穿著打扮特徵列出來。
3. 然後列出女孩的性格特徵。
4. 最後以「個性」為中心，分別和上述的幾個特徵進行聯想。
5. 人物的特質就分析出來了。

玩給你看

首先，將女孩的長相特徵細膩的分析出來。

女孩的長相特徵	描述
眼睛	璀璨的寶石紅，在夜裡閃爍著。
眉毛	細細長長、彎彎的，像月亮。
鼻子	鼻頭小巧，十分挺直。
嘴巴	豐厚的雙唇，總是帶著微笑。
頭髮	棕色的頭髮，披散在肩頭。
膚色	雪白粉嫩得像個嬰兒。
胎記	腳踝上有一個星形記號。

衣服	喜歡穿長裙，裙子鮮豔得像蝴蝶翅膀上的花紋。
鞋子	媽媽縫製的白色布鞋。
個性	溫柔中帶著男孩般的倔強與堅強。

其次，先分類好女孩的長相特徵，再用形容詞描述女孩的個性。

女孩的長相特徵分類	形容個性
紅眼睛	→熱情的。
彎眉毛、微笑、白皮膚	→溫柔的。
棕髮、挺直的鼻子、布鞋	→活潑的。
鮮豔的衣服	→美麗的。
胎記	→獨特的。
性格上的矛盾	→外表溫柔，但內心倔強。

換你寫寫看

首先，將女孩的長相特徵細膩的分析出來。

女孩的長相特徵	描述
眼睛	
眉毛	
鼻子	
嘴巴	
頭髮	
膚色	
胎記	
衣服	
鞋子	
個性	

其次，先分類好女孩的長相特徵，再用形容詞描述女孩的個性。

女孩的長相特徵分類	形容個性

小祕訣

「分析」是很好的方法，先將人物或事物的幾個部分拆開來，一一加以描述，再重新組合，描寫就會更細膩喔！

四 寫作練兵場：漫步森林的女孩

現在，就來寫一篇「漫步森林的女孩」。在做完【學習單13-2】的練習以後，你應該對故事的主角「女孩」的樣貌和個性，有更清楚的掌握了。

但是主角怎麼能沒有名字呢？先來為女孩取個名字吧！接著就利用你設計好的人物特徵，用形容詞和譬喻法來打造女孩的形象，記得要將她的人物特質融入到故事裡，也不要忘了場景是在森林，可以選幾種小動物當作配角。

最後把這些線索串連起來，就能完成一篇關於人物形象的細膩描述。你也可以把自己當成「設計師」，從現在開始仔細的分析事物，用想像力「解剖」材料，把材料組織成一個故事，就能找到意想不到的靈感！

寫給你看

漫步森林的女孩

安娜獨自到濃密的森林裡散步，陽光照在她臉上，使她那雙寶石紅的眼睛閃

爍著，散發熱情的魅力。她的眉毛像小月牙那樣彎彎的，讓她看起來像在笑，而鼻子十分挺直，讓她像個活潑的男孩，但是她的嘴角總是帶著微笑，使活潑的個性暫時隱藏起來了。她棕色的頭髮，是松鼠們關注的焦點，牠們總是迷戀跟自己一樣的顏色，不過安娜現在將頭髮綁成一顆小包子了，松鼠們就對她失了興趣。安娜伸手碰了碰地上的小花，手腕上的紅色手鍊點綴著雪白的膚色，就像未曾晒過太陽的嬰兒般嬌嫩。樹林裡的小徑上布滿了落葉，安娜必須拎著裙襬走，腳踝上的星形胎記若隱若現的。「還好穿了媽媽縫的布鞋！不然腳要被割傷了。」她揮揮像蝴蝶翅膀般美麗的衣袖，趕走了兩隻蜜蜂後，繼續悠閒的在森林裡漫步。

換你寫寫看

第246頁【讀故事，學思考】參考答案

1. 樂官看待琴的價值，是從它的年分來衡量，如果是古董，或是知名的製作者、收藏家的琴，才有價值。工之僑的琴是新造的，所以被退回。
2. 因為工之僑發現，官府與朝廷只一昧的崇拜古物，對真正有實力的琴視而不見，這樣的國家讓他失望極了，就去隱居。
3. 工之僑不靠仿冒賺錢，代表他是個有良心的人，也是一個能夠看清事實真相、很清醒的人，所以他並不傻，又能急流勇退，具有大智慧。

附錄 關鍵詞盒子（搭配第五課【學習單5-1】使用）

請沿著虛線剪下來 ✂

人物				
兩津勘吉	哥哥	福爾摩斯	王同學	奇異博士
媽媽	蜘蛛人	皮卡丘	鋼鐵人	小丸子
事件				
跟怪物對戰	上課睡覺	觀察犯罪現場	新冠肺炎擴散	上班打電動
去花輪家玩	上外太空	在社區巡邏	煮晚餐	用愛發電
時間				
早上8點	秋天	2022年	史前一萬年	2050年
1989年	2700光年	半夜2點	夏天	寒假
地點				
烏龍派出所	家裡	城堡	教室	高空中
爺爺的家	英國	廚房	梅嬸的家	史塔克工業
物品				
心靈寶石	鰻魚便當	放大鏡	漫畫書	課本
鋼鐵人盔甲	顯微鏡	蜘蛛絲	疫苗	鍋子

Note

小麥田

閱讀寫作小學堂：
高詩佳的 13 堂創意讀寫素養課

作　　者　高詩佳
篇章頁繪圖　顏寧儀
封面繪圖　顏寧儀
美術設計　黃鳳君
協力編輯　曾淑芳
責任編輯　巫維珍

國際版權　吳玲緯
行　　銷　闕志勳 吳宇軒 陳欣岑
業　　務　李再星 陳紫晴 陳美燕 葉晉源
編輯總監　劉麗真
總 經 理　陳逸瑛
發 行 人　凃玉雲
出　　版　小麥田出版
10483 台北市中山區民生東路二段 141 號 5 樓
電話：(02)2500-7696　傳真：(02)2500-1967
發　　行　英屬蓋曼群島商家庭傳媒股份有限公司
城邦分公司
10483 台北市中山區民生東路二段 141 號 11 樓
網址：http://www.cite.com.tw
客服專線：(02)2500-7718 ｜ 2500-7719
24 小時傳真專線：(02)2500-1990 ｜ 2500-1991
服務時間：週一至週五 09:30-12:00 ｜ 13:30-17:00
劃撥帳號：19863813　戶名：書虫股份有限公司
讀者服務信箱：service@readingclub.com.tw
香港發行所　城邦（香港）出版集團有限公司
香港灣仔駱克道 193 號東超商業中心 1/F
電話：852-2508-6231
傳真：852-2578-9337
馬新發行所　城邦（馬新）出版集團 Cite(M) Sdn. Bhd
41, Jalan Radin Anum, Bandar Baru Sri Petaling,
57000 Kuala Lumpur, Malaysia.
電話：(603) 9056 3833
傳真：(603) 9057 6622
讀者服務信箱 :services@cite.my
麥田部落格　http:// ryefield.pixnet.net
印　　刷　漾格科技股份有限公司
初　　版　2023 年 2 月
售　　價　399 元

ISBN 978-626-7000-88-5
EISBN 978-626-7000-89-2(EPUB)
Printed in Taiwan

國家圖書館出版品預行編目資料

閱讀寫作小學堂：高詩佳的 13 堂創意讀寫素養課 / 高詩佳著 . -- 初版 . -- 臺北市：小麥田出版：英屬蓋曼群島商家庭傳媒股份有限公司城邦分公司發行 , 2023.02
面 ; 公分
ISBN 978-626-7000-88-5(平裝)

1.CST: 漢語教學 2.CST: 閱讀指導 3.CST: 寫作法 4.CST: 小學教學

523.313　　111016161